编委会

主　编：卢　军　余小游

编　委：何　婧　邱小清　申聪慧　王清俐　王益均
向　阳　熊　建　熊建新　赵丹丹　张　锋

GAOZHONG SIXIANG ZHENGZHI KE
WUZHONG JIBEN KEXING FANSHI

高中思想政治课

五种基本课型范式

卢 军 余小游◎主编

四川大學出版社
SICHUAN UNIVERSITY PRESS

项目策划：蒋姗姗
责任编辑：蒋姗姗
特邀编辑：王小碧
责任校对：谢　鋆
封面设计：墨创文化
责任印制：王　炜

图书在版编目（CIP）数据

高中思想政治课五种基本课型范式 / 卢军，余小游主编. 一 成都 : 四川大学出版社，2022.5
ISBN 978-7-5690-5439-2

Ⅰ. ①高… Ⅱ. ①卢… ②余… Ⅲ. ①政治课－高中－教学参考资料 Ⅳ. ①G633.203

中国版本图书馆 CIP 数据核字（2022）第 067257 号

书名　高中思想政治课五种基本课型范式

主　　编	卢　军　余小游
出　　版	四川大学出版社
地　　址	成都市一环路南一段 24 号（610065）
发　　行	四川大学出版社
书　　号	ISBN 978-7-5690-5439-2
印前制作	四川胜翔数码印务设计有限公司
印　　刷	成都金龙印务有限责任公司
成品尺寸	170mm×240mm
印　　张	14
字　　数	214 千字
版　　次	2022 年 5 月第 1 版
印　　次	2022 年 5 月第 1 次印刷
定　　价	68.00 元

◆ 读者邮购本书，请与本社发行科联系。
电话：(028)85408408/(028)85401670/
(028)86408023　邮政编码：610065
◆ 本社图书如有印装质量问题，请寄回出版社调换。
◆ 网址：http://press.scu.edu.cn

四川大学出版社
微信公众号

序

重庆市教育科学研究院副院长、重庆市中小学正高级教师　万礼修

在新课程日渐深入人心、新课改浪潮不断涌动的今天，《高中思想政治课五种基本课型范式》一书会给你带来哪些惊喜呢？

子曰："小子何莫学夫《诗》？《诗》可以兴，可以观，可以群，可以怨。迩之事父，远之事君，多识于鸟兽草木之名。"圣人读书，其眼界之广，境界之高，自然是一般人无法企及的。

然而，读书悟道，又岂非圣人所独有？我读《高中思想政治课五种基本课型范式》亦有"读书悟道"之感。阅读此书可令人"开眼""开智""开悟"。从短期来看，此书无疑是助力思想政治（简称思政）课教师快速成长的有益读物。从长远来看，此书关于新课程改革理念探索的若干案例，应该成为研究者的研究对象和高中思政学科广大教师的重要参考。

我所言之"开眼"，主要在于此书所展现之"新理念""新思想"。这些"新"并非通俗意义上"为了新而新"的胡编乱造，而是在充分研究新课标、新教材之后的实践创新。尤其是书中关于五种课型范式的实例让人眼前一亮。究其原因，一则是因为这五种范式很好地将时下的一些新课程理论"程式化"；二则是这些范式中所展现的相关课例构思精妙、设计新颖。

而我所言之"开智"，主要是对学生而言。此书呈现的五种课型范式，既有相对传统的讲评课，也有时下看好的实践课。无论是哪种课型范式，都体现了"以生为本"的意识，体现了教师顺应新课改理念时强烈的变革精神和重建课型模式的理性思维。五种范式不是为了单纯地对学生做智力开发，而是科学地设计任务和情境，让学生在关注时政和生活的同时既能提升知识

水平，也能获得能力的提升和情感态度价值观的养成。在这样的课堂上，学生的思维自然会得到充分的训练，其“智”之门的开启可谓水到渠成。如此，提升核心素养的目标便会达成。

至于我所言之“开悟”，则主要是针对教师而言。一方面，对一线教师来说，此书中所列举的高中思政课五种基本课型范式可直接借鉴使用，从而对其今后的思政课教学设计有很好的启迪示范作用；另一方面，对教育研究者来说，本书对新课程改革背景下的高中思政课进行了深入的探索，很多研究成果有较高的理论价值，如能细细品读，必然会引发诸多思考，从而有助于教师进一步提升自己的教学水平和科研能力。

当然，此书除了令人“开眼”“开智”“开悟”之外，还体现了“继往开来”的精神气象。此书在继承传统的基础上，不断与时俱进，及时更新教学理念，及时跟进教学实践；既能很好地连接过去，又能面向未来，让人窥见一些未来思政课堂教学的影子。

若非得提一提此书的问题，那便只能这样说：在目前新一轮教育改革的浪潮下，此书五种范式还显得“量小”。当然，这一问题并非只是研究者的局限所致，还与研究者所处的时代和区域有着密切的关系。但五种范式彰显了教师已得思政课新课改之奥妙，有引领、辐射之功。

总而言之，此书是一本能够让人开启思政教育教学新征程的实用之书。

目 录

CONTENTS

第一篇　宏论撷取

党的十八大以来，以习近平同志为核心的党中央高度重视教育事业的发展，高度重视思想政治工作，高度重视思想政治理论课的改革。

2018年9月，习近平总书记在全国教育大会上指出，为谁培养人、培养什么人、怎样培养人，这是教育的根本问题。立德树人是教育的根本任务。

2019年3月，习近平总书记主持召开学校思想政治理论课教师座谈会并发表重要讲话。习近平总书记强调，办好思想政治理论课，最根本的是要全面贯彻党的教育方针，解决好培养什么人、怎样培养人、为谁培养人这个根本问题。新时代贯彻党的教育方针，要坚持马克思主义指导地位，贯彻新时代中国特色社会主义思想，坚持社会主义办学方向，落实立德树人的根本任务，坚持教育为人民服务、为中国共产党治国理政服务、为巩固和发展中国特色社会主义制度服务、为改革开放和社会主义现代化建设服务，扎根中国大地办教育，同生产劳动和社会实践相结合，加快推进教育现代化、建设教育强国、办好人民满意的教育，努力培养担当民族复兴大任的时代新人，培养德智体美劳全面发展的社会主义建设者和接班人。

习近平总书记强调，办好思想政治理论课关键在教师，关键在发挥教师的积极性、主动性、创造性。思政课教师，要给学生心灵埋下真善美的种子，引导学生扣好人生第一粒扣子。“经师易求，人师难得。”思政课教师应有以下素养：第一，政治要强，让有信仰的人讲信仰，善于从政治上看问题，在大是大非面前保持政治清醒。第二，情怀要深，保持家国情怀，心里装着国家和民族，在党和人民的伟大实践中关注时代、关注社会，汲取养分、丰富思想。第三，思维要新，学会辩证唯物主义和历史唯物主义，创新课堂教学，给学生深刻的学习体验，引导学生树立正确的理想信念、学会正确的思维方法。第四，视野要广，有知识视野、国际视野、历史视野，通过生动、深入、具体的纵横比较，把一些道理讲明白、讲清楚。第五，自律要严，做到课上课下一致、网上网下一致，自觉弘扬主旋律，积极传递正能量。第六，人格要正，有人格，才有吸引力。亲其师，才能信其道。要有堂堂正正的人格，用高尚的人格感染学生、赢得学生，用真理的力量感召学生，以深厚的理论功底赢得学生，自觉做为学为人的表率，做让学生喜爱的人。

习近平总书记强调，推动思想政治理论课改革创新，要不断增强思政课的思想性、理论性、亲和力、针对性。推动思政课改革创新，要做到以下八个“统一”。要坚持政治性和学理性相统一，以透彻的学理分析回应学生，以彻底的思想理论说服学生，用真理的强大力量引导学生。要坚持价值性和知识性相统一，寓价值观引导于知识传授之中。要坚持建设性与批判性相统一，传导主流意识形态，直面各种错误观点和思潮。要坚持理论性和实践性相统一，用科学理论培养人，重视思政课的实践性，把思政小课堂同社会大课堂结合起来，教育引导学生立鸿鹄志，做奋斗者。要坚持统一性和多样性相统一，落实教学目标、课程设置、教材使用、教学管理等方面的统一要求，并因地制宜、因时制宜、因材施教。要坚持主导性和主体性相统一，思政课教学离不开教师的主导，同时要加大对学生的认知规律和接受特点的研究，发挥学生主体性作用。要坚持灌输性和启发性相统一，在进行必要的灌输的同时注重启发性教育，引导学生发现问题、分析问题、思考问题，在不断启发中让学生水到渠成得出结论。要坚持显性教育和隐性教育相统一，挖掘其他课程和教学方式中蕴含的思想政治教育资源，实现全员全程全方位育人。

教育部在《关于做好普通高中新课程新教材实施工作的指导意见》中指出，要坚持育人为本，着力发展学生核心素养，促进学生自主、合作、探究学习，不断提高教育质量，培养德智体美劳全面发展的社会主义建设者和接班人。

《国务院办公厅关于新时代推进普通高中育人方式改革的指导意见》中指出：要坚持把立德树人融入思想道德教育、文化知识教育、社会实践教育各环节，突出思想政治课关键地位，因地制宜打造学生社会实践大课堂。

中共中央办公厅、国务院办公厅印发了《关于深化新时代学校思想政治理论课改革创新的若干意见》，强调把加强和改进思政课建设摆在突出位置，坚持思政课建设与党的创新理论武装同步推进，全面推动习近平新时代中国特色社会主义思想进教材进课堂进学生头脑，把社会主义核心价值观贯穿国民教育全过程。

国家教材委员会印发了《习近平新时代中国特色社会主义思想进课程教材指南》，强调在不同学段、不同学科、不同课程中有序铺开，强化大中小学思政课一体化建设。

《中共中央关于党的百年奋斗重大成就和历史经验的决议》指出，党和人民事业发展需要一代代中国共产党人接续奋斗，必须抓好后继有人这个根本大计。要坚持用习近平新时代中国特色社会主义思想教育人，用党的理想信念凝聚人，用社会主义核心价值观培育人，用中华民族伟大复兴历史使命激励人，培养造就大批堪当时代重任的接班人。

习近平总书记在全国教育大会和学校思想政治理论课教师座谈会上的讲话，立意高远、思想深邃、博大精深、内涵丰富，对教育的发展具有深刻的指导意义，尤其是为思政教师素质的提高和思政课的教学指明了前进方向，提供了根本遵循。国家对教育和思政课的发展进行了顶层设计，提出了明确的要求。学习贯彻习近平总书记的讲话精神，落实国家的教育方针、政策，聚焦教育的根本问题和根本任务，紧跟时代，思政课必须坚持守正创新。

2003年，教育部印发《普通高中课程方案（实验）》和15个学科的课程标准（实验）。以此为指导，十余年来，我国普通高中课程改革，坚持了正确的育人方向和先进的教育理念，基本建立起适合我国国情、适应时代发展要求的普通高中课程体系，促进了教育观念的更新，推进了人才培养模式的变革，提升了教师队伍的整体水平，有效推动了考试评价制度改革，为我国基础教育质量的提高做出了积极贡献。但是，面对经济、科技的迅猛发展和社会生活的深刻变化，面对新时代社会主要矛盾的变化，面对新时代对提高全体国民素质和人才培养质量的新要求，面对我国高中阶段教育基本普及的新形势，《普通高中课程方案（实验）》和15个学科的课程标准（实验）还有一些不相适应和亟待改进之处。2013年，教育部启动了普通高中课程修订工作。该次修订以马克思列宁主义、毛泽东思想、邓小平理论、“三个代表”重要思想、科学发展观、习近平新时代中国特色社会主义思想为指导，旨在深入贯彻党的十八大和十九大精神，落实全国教育大会精神，全面贯彻党的教育方针，落实立德树人根本任务，发展素质教育，推进教育公平，以社会主义核心价值观统领课程改革，着力提升课程思想性、科学性、时代性、系统性、指导性，推动人才培养模式的改革创新，培养德智体美劳全面发展的社会主义建设者和接班人。该次修订坚持正确的政治方向、坚持反映时代要求、坚持科学论证、坚持继承发展的原则，深入总结了21世纪以来我国普通高中课程改革的宝贵经验，充分借鉴国际课程改革的优秀成果，努力将普通高中课程方案和课程标准修订成既符合我国实际情况，又具有国际视野的纲领性教学文件，构建具有中国特色的普通高中课程体系。[1]

2020年6月，《普通高中思想政治课程标准（2017年版2020年修订）》（以下简称新课标）正式发布。新课标作为纲领性文件，规范并指导着高中思政课的实施。新课标旨在给高中思政课提供科学的指导，促进高中思政课的改革与发展，使其更充分发挥思想政治教育“主渠道”的作用，更好地培养社会主义的合格建设者和可靠接班人。在新一轮课程改革背景下，高中思政课教师必须充分认识到新课标对课堂教学的指导意义，并切实用好新课标。

一、研读新课标，把握重要性

（一）新课标是新教材编写和使用的基本依据

关于新教材的编写，新课标明确指出：要处理好政治性和学理性、价值性和知识性、建设性与批判性、理论性和实践性、显性教育和隐性教育的关系。在教学与评价中要落实习近平总书记对教师的“六要”和对思政课的八个“统一”要求。其编写理念，强调用习近平新时代中国特色社会主义思想铸魂育人，完成立德树人的根本任务；在构建培育学生核心素养的活动型学科课程的基础上，要求思想政治理论课的理论知识要和社会实践以及劳动实践相结合。这一改变源于习近平总书记将原来的“四育（德、智、体、美）并举”更新为“五育（德、智、体、美、劳）并举”。因此《普通高中教科书　思想政治必修2　经济与社会》中，设计了“弘扬劳动精神与投身创新创业”的综合探究活动；《普通高中教科书　思想政治选择性必修2　法律与生活》的第三单元也明确提出“劳动是财富的源泉，也是幸福的源泉”，力求让学生树立劳动意识，培养劳动精神。

新教材按照新课标的要求，整体建构、分块安排教学内容。新教材以单元为单位，包括单元导语、课导语、正文、穿插于正文中的各种栏目、综合探究。其中，与正文内容相呼应配套的辅助栏目针对性强，“探究与分享”和“综合探究”材料选取与活动建议呈现出整体性和具体性。“探究与分享”和“综合探究”活动属于“应用型”，引导学生运用正文所学理论、观点、方法，阐明、解决情境问题，这是活动型课程的引导性栏目。同时，新教材还设置了体现本册特点的相关栏目。例如，《普通高中教科书　思想政治必修4　哲学与文化》设计“阅读与思考”，引导学生在阅读经典文本、情境材料中，展开思维活动，培养学习思维能力和品质。新教材多元化栏目的设计，既增强了教材的吸引力和可操作性，也有利于落实新课标聚焦的培养学生核心素养任务。

（二）新课标是领航高中思政课教学的方向舵

新课标，上承党的教育方针和新时期的课程方案改革，下启学科教学的转型升级。一方面，新课标引导高中思政课教学课程观的转变。新课标贯彻了党的十九大、十九届四中全会精神和全国教育大会精神，同时也落实了习近平总书记在学校思政课教师座谈会上的重要讲话精神，立足于社会主义核心价值观培育、弘扬中华优秀传统文化、推进法治教育等时代要求，同时结合国际上研究核心素养的大趋势，将凝练与培育学科核心素养作为学科课程落实立德树人根本任务的重要抓手。另一方面，新课标指导高中思政课教学的转型升级。新课标将高中思想政治学科定位为综合性、活动型学科课程，一是强调学科知识的综合性，二是关注课程实施方式的创新，因而活动型学科课程可以说是思想政治课程“专享”的标识性亮点。它是“活动课程”和“学科课程”的融合，立足于学生学科素养的培育要求，基于当今时代愈益多元的社会思想观念和价值取向，着力改变枯燥固定的思政课堂模式，通过议题确定、活动设计等方式将生活中的真实情境带进课堂，让学生主动参与知识的探究过程，在探究中收获学科思维与能力的提升，在观点辨析中引导学生将价值观内化于心。活动型学科课程的创新引领未来高中思政课教学的转型升级，即更强调学生主体，更体现“贴近生活”与“发展素养”并举。可见对于一线高中思政课教学而言，新课标反映了教育改革的方向，提出了可操作化的创新型课程教学方式，为新时期思政课教学领航掌舵并指明方向。

（三）新课标是高考统一命题的重要依据

考试大纲与课程标准的博弈长期存在，一些教师认为考试大纲比课程标准更有价值，因为它与教学效果、教学成绩等密切相关。但这种以考定教的模式，往往会导致课堂教学浅表化、评价方式单一化。2019年6月，国务院办公厅印发《关于新时代推进普通高中育人方式改革的指导意见》，提出2022年前全面取消考试大纲，高考命题以课程标准和高校人才选拔要求为依据。这是对课程标准权威地位的重塑，充分反映了新一轮课程改革努力实现教学评价统一性的要求。与此同时，新课标通过阐明学业质量与考试评价的要求明确不同需求的学生所须达到的基本学业成就表现，向一线教学工作者明确考试命题的基本框架及命题要求和评分标准，提出思想政治学业水平考试命题由关键行为表现、学科任务、评价情境和学科内容四个基本维度构成，为考试命题提供具体的、可操作化的建议。从高考

“导向教学”的作用出发，新课标成为高考统一命题的重要依据，也将引导教师进一步重视课程标准在教学中的地位，进而反推教学内容和形式的转型。

（四）新课标是评价教学质量的度量标尺

在以往的教学实践中，教学质量的评价标准就是考试大纲，教学质量以考试成绩高低论英雄，而课程标准被“架空”。针对这一问题，新课标以学科核心素养为主线统领教学全过程，为实现教学与评价的统一提供科学的技术支撑。新课标从学科核心素养到课程目标再到课程实施中的内容要求与学业要求，将宏观的育人目标落实到各模块教学中，提供从宏观到微观多层次衡量学科教学质量的标尺。除此之外，新课标也研制了学业质量标准，这一质量标准强调学生综合运用学科内容，参与真实生活，解决实际问题的能力以及所反映的价值观念，进一步从整体上对学生在完成学科课程之后的综合性学科素养表现进行刻画。由此可见，新课标以学科核心素养为本位，为高中思想政治课教学的各个环节提供了多层次、多维度的教学质量评价标准。

二、聚焦新课标，把握主要内容

新课标主要由课程性质与基本理念、学科核心素养与课程目标、课程结构、课程内容、学业质量、实施建议六部分组成，其主要内容是实现八个“统一”的落点。

第一，新课标突出政治立场的显著重要性，明确将政治认同作为学科核心素养的首要因素，将“帮助学生确立正确的政治认同”作为衡量课程性质的重要表述。同时，在课程结构设计和课程内容选择中，充分体现思想政治课的学理性要求，通过从认识、经历、体验到践行的引导，让学生经历探究和发现的过程，进而完成对相关政治理论的深入理解和认识。

第二，新课标突出强调“以培育社会主义核心价值观为根本目的”，将政治学、经济学、哲学、法学等人文社会科学的基础知识学习与社会主义核心价值观的培育有机结合起来，让学生在知识学习的过程中实现选择。同时，新课标强调“凸显价值引领的意义”，以及“用支撑思想政治学科核心素养的基本观点统整、统筹学科知识”“在价值冲突中深化理解，在比较、鉴别中提高认识，在探究活动中拓宽视野，引领学生认同、坚信社会主义核心价值观”。

第三，新课标在学科核心素养水平划分中，分别设置了简单情境问题、一般情境问题、复杂情境问题和具有挑战性的复杂情境问题等不同的水平层级。各种主题内容的学习，都按照这种方式划分学科核心素养的水平层级，可以让学生更好地实现素养水平的阶梯式提升，从“简单枚举”到“历史维度”，再到“比较维度”，最后实现“反驳谬误”。

第四，新课标在基本理念中明确提出“本课程坚持理论与实践相结合的原则，对学生进行马克思主义基本理论教育，使他们理解马克思主义中国化就是马克思主义基本原理同中国具体实际相结合的过程，习近平新时代中国特色社会主义思想是马克思主义中国化最新成果”。此外，在课程内容的设计方面，基于“理论性”的内容要求和“实践性”的议题式教学呈现，使得思想政治课在理论与实践的结合方面有突出表现。

第五，新课标既强调标准的统一性，明确了课程结构、开课顺序、教学内容等方面的统一要求，又充分体现学生个性发展、学校所在区域等的特殊要求，分别设置选择性必修课程、选修课程等利于学生个性发展的课程。在课程实施方面，要求落实“结合实际，确保社会实践活动的有效开展”和“采取多种方式，加强课程资源建设”。

第六，新课标强调“尊重学生身心发展规律，改进教学方式”，将高中学生思想活动和行为方式的多样性、可塑性与教师的作用结合起来，既强调开放民主的教学氛围，又重视教师对学生的正确引导。教师不是主宰一切、包容一切的，也不是放任课堂、随波逐流的。张弛有度、收放结合，应该是思想政治课教学实现“主导性和主体性相统一”的应有之义。

第七，新课标提出了活动型科学课程的创新理念，提出“采取思维活动和社会实践活动等方式”呈现学科内容，通过“使活动设计成为教学设计和承载学科内容的重要形式”，为学科教学的实施提供新的方式。将这些启发性内容落到实处，就为确保正确思想观念的“灌输”提供了有效的路径。学生经历了自主辨识、分析的过程，对于所得结论也就更加信服和认可。

第八，新课标要求思想政治课要从自身学科特点出发，自觉承担德育课程的重任，同时强调各级教育行政部门、教研机构以及社会各领域对于推动思想政治课程建设、促进思想政治课教师队伍成长的责任和任务。这些内容，正是体现显性教育与隐性教育要求的具体方式。

三、贯彻新课标，推动新发展

（一）在传承和发展中培养时代新人

新课标指出：“我国普通高中教育是在义务教育基础上进一步提高国民素质、面向大众的基础教育，任务是促进学生全面而有个性的发展，为学生适应社会生活、高等教育和职业发展做准备，为学生的终身发展奠定基础。普通高中的培养目标是进一步提升学生综合素质，着力发展核心素养，使学生具有理想信念和社会责任感，具有科学文化素养和终身学习能力，具有自主发展能力和沟通合作能力。”[2]现在的学生是未来社会的主人，教育教学应为他们的将来做好充分的准备。因此，高中思政课教学要“看得远”，努力促进学生的长远发展。我们既要坚持理论联系实际的原则，又要倡导“为未来而教”的新理念；既要弘扬中华优秀传统文化和民族精神，又要让学生具有交流合作、终身学习、实践创新等现代素养；既要促进学生全面而有个性的发展，又要开展理想信念教育，使学生增长学识见识，树立奋斗精神；既要结合时事政治教育，掌握马克思主义基本理论，又要学好习近平新时代中国特色社会主义思想等新知识；既要重视自主学习、合作学习、探究学习，又要强化辨析和社会实践，体现活动型学科课程实施的新要求。

（二）在教学和育心中开展学科育人

新课标强调，我们要全面贯彻党的教育方针，落实立德树人根本任务，发展素质教育。因此，高中思政课教学要“站位高”，切实强化学科自身特有的育人功能。一应归心和识心。知识不是学习的唯一目标，能力不是教学的全部内容，心灵教育才是课堂的最终归宿。我们要引导学生反省自己、涵养心灵，防止出现“缺心失魂”问题。二应动心和奋心。课堂不是枯燥训诫，应有感召心灵的温度；教学不是刻板传授，应有催人上进的力量。我们应结合新中国成立70周年、中国共产党成立100周年等时政主题，鼓励学生在学习中增长知识、锤炼品格，以真才实学服务人民。三应净心和正心。在价值多元的复杂社会里，我们应牢牢把握意识形态的主导权，坚持正确的政治方向，引导学生“扣好人生的第一粒扣子”。四应立心和安心。结合中国共产党建党百年来带领全国各族人民取得的伟大成就，我们要引导学生坚信中国特色社会主义道路，坚持中国共产党的领导，坚守社会主义核心价值观，打好人生底色。

（三）在综合和活动中培育核心素养

新课标对高中思政课程性质的界定是：“高中思想政治课程是落实立德树人根本任务的关键课程，以培育社会主义核心价值观为目的，是帮助学生确立正确的政治方向、提高思想政治学科核心素养、增强社会理解和参与能力的综合性、活动型学科课程。”[3]高中思政课教学要着重培育学生的学科核心素养，包括政治认同、科学精神、法治意识和公共参与。因此，高中思政课教学要“定位准”，大力提高学生核心素养。综合性与活动型是培育核心素养的“两翼”，二者是辩证统一的关系。第一，综合性与活动型有所区别。综合性是指通过建构，把分散的知识信息组成有机整体，即结构化内容。活动型是指把活动作为教与学的基本形式，并通过序列化设计和实施，实现师生良性互动、教学和谐共舞。第二，综合性与活动型相互联系。①结构化内容是培育核心素养的基本载体。只有开展综合性教学，依托真实情境，综合运用所学的必备知识，多角度、多层次、多方面分析问题和解决问题，才能为学生成长提供充分有益的营养。②序列化活动是培育核心素养的基本途径。只有开展活动型教学，精心设计序列、适宜、有趣的真实活动，才能凸显学生主体地位，有效促进他们开展主动学习。③做到结构化内容与序列化活动有机融合。只有让综合性教学和活动型教学内在统一，才能让学生在剖析情境、探究问题、运用知识中获得生动发展，整体构建素养本位的综合性、活动型新课堂。

（四）在过程和结果中重视学习成果

新课标要求课程实施体现教学与评价的一致性，它提出的学业要求和学业质量，对教师教学、学生学习和考试评价都有深刻的指导意义。提高成绩虽是课堂教学的现实诉求，但是我们不能“唯分是举”，更不能一味地追求分数。我们应防止虚假学习和被动学习，注重教学目标达成和学习质量提高，真正提高学生的综合素质。因此，高中思政课教学要“落点实”，真正增强学生学习实效：一是形成多样的学习成果。可结合新课标课程内容“教学提示”中的活动建议，借助项目、制作、任务、决策、建议、方案、小论文等真实成果，引导学生在学习过程中理解必备知识、提高关键能力。二是形成积极的人生感悟。新课标强调要增强学生的获得感、幸福感和成就感。我们要增强教学的吸引力和有效性，提高学生的课堂参与度，调动他们的学习兴趣，引导学生转变观念、改进行为。三是形成真实的核心素养。要在情境感染、问题思考、知识建构和实践探究中，真正提高学生独立思考和解决问题的综合能力。总之，我们既要促进学生乐学、会学、学会，也要有过程意识和成果意识，高度重视学生“学习行不行、成长好不好”的问题。

（五）在转型和升级中推动课堂创新

《国家教育事业发展“十四五”规划纲要》指出，大力推进普通高中育人方式改革，要深化课堂教学改革，积极探索基于情境、问题导向的互动式、启发式、探究式、体验式等课堂教学，推进信息技术与教育教学深度融合。新课标指出，要培养学生创新精神，提高其创新思维能力。因此，高中思政课教学要“导向正”，积极探索课堂创新路径。首先，要培养学生的创新精神。面对人工智能深入发展等带来的挑战，课堂更应关注学生的求知欲、好奇心、想象力、问题意识、创新精神、实践能力等宝贵品质。例如，对于如何系统建构知识、综合解决问题，需要引导学生创新思路方法。又如，培养学生围绕议题，开展辨析式学习，需要促进学生优化活动方式。其次，应追求系统的教学创新。我们要继承优秀教学传统，主动落实课程改革提出的新理念和新要求，积极探索特色化集成和系统性创新，打造综合性与活动型兼备的“金课”。例如，我们可以组织志愿服务、社会调查、专题访谈、参观访问，以及各种职业体验等社会实践活动，丰富高中思政课教学内容和形式，增进学生对学科和社会的认识与理解。我们也应通过微博、微信公众号、客户端、学习强国App等新媒体寻找新鲜的课堂资源，积极开发微课堂、云课堂等新型课堂模式，课堂效果可事半功倍。

总之，为了实现立德树人的根本任务和新时代赋予的特殊使命，高中思政课教师必须反复研读新课标。高中思政课教师只有由粗到细地读懂新课标，才能走进新课标，使教学方向明确；只有由浅入深地吃透新课标，才能融入新课标，使教学游刃有余；只有由表及里地内化新课标，才能升华新课标，使思政课发挥关键作用。

参考文献

[1][2][3]中华人民共和国教育部. 普通高中思想政治课程标准（2017年版2020年修订）[M]. 北京：人民教育出版社，2020.

第二篇　课型范式

【新授课课型范式】

不以师为中心，且除封闭而求开放，弃一元而呈多元，激其趣，传其道，得其法，此为新授。何以新授？诱之，激之，导之，于合作、交流、分享之中汇众生之论而衡其得失，明其短长。如是，信息不因单向传输而单调，而因多向交互而丰富，课堂因此不再扁平化，因思维广泛参与、深度参与而终有智慧成果。究其本质，秉承人本哲学，生者为本，于主观能动、彼此互动中充实课堂，训练思维，丰盈内心。此为效度、素养追求之需，亦为学生终身发展之要。于师而言，解构传统之师道尊严，重塑教师之民主形象，打造公平、开放、活跃之智慧课堂。

一、课型概述

（一）概念诠释

1．新授课。

新授课主要指传授新知识、新技能的课。新授课是最基础、最主要的课型，在思想政治教学中，新授课占课时总量的 70%以上。新授课是以在知识上、能力上、情感上提出新要求为主要任务的课堂教学活动，它在激发学生的学习兴趣、调动学生的主动性和积极性、教会学生学习的方法和技巧、发展学生的智力、培养学生的能力、提升学生的思想素养等方面都占有极其重要的地位。

2．议题式新授课。

议题式新授课是指新授课采用议题式教学方式，以学生真实生活情境中具有开放性、指向性、思辨性、综合性、系列性的探究话题为抓手，以结构化的学科知识为支撑和主线，以提高学科核心素养为核心，通过让学生参与社会实践、课上合作探究等方式进行教学的一种课堂模式。新课标明确提出“要通过议题的引入、引导和讨论，推动教师转变教学方式，使教学在师生互动、开放民主的氛围中进行”的要求。基于高中思想政治活动型课程这一理念，高中思想政治新授课应着力打造以议题为核心，以学科核心素养为导向，构建课堂思维活动和社会实践活动相结合的课堂新形式。新授课教学是议题式课堂教学的基本形态。

（二）特征分析

1．新颖性。

“新”，其一是指知识内容要“新”，通过学习后，学生应取得“新”的发展。其二是指教师的教育教学观念要新。高中思想政治课堂“新”形式是让学生好学乐学的关键。新课标要求，“要运用多种方式、方法，引导学生自主学习、合作学习和探究学习”[1]。让学生在活动中学习，在合作交流中学习，在不断“反思”中学习。使学生成为学习的主人，让学生“动”起来，让课堂“活”起来，让学生逐步从“学会”到“会学”，最后达到“好学”的境界。

2．专属性。

新课标对于各科课程性质的描述皆有不同，如“语文课程是一门学习祖国语言文字运用的综合性、实践性课程”“历史课程是承载着历史学的教育功能，促进学生全面发展的一门基础课程”。课程性质引领、指导着课堂教学。韩震、朱明光认为，如果说以核心素养为纲是这次课程标准修订工作所有学科的共同追求，那么打造活动型学科课程就是修订思想政治课程标准独有的特色，是思想政治课程以培育学科核心素养为导向的课程实施最具创新意义的亮点。高中思想政治活动型课堂是在活动型课程理念、性质的实践中应运而生的。它既不同于以往的学科课堂，也不同于活动课堂，它是一种创新的课堂形式。

3．发展性。

教学评价有三个层级：理解—应用—迁移。学习理解是指学生进行知识和经验的输入和加工；实践应用是从知识走向实际，从内在走向外在的知识化功能过程；创新迁移是指学生利用学科核心知识、学科特定活动程序结合自我的经验解决陌生和结构不良等问题。新课标附录1明确指出学科核心素养划分为水平1～4。评价框架就是依据学生在复杂程度和新颖程度不同的具体情境下，运用学科知识完成一项任务或多项任务的情况，来推断学生某一核心素养的发展水平。新授课评价要求较多处于水平1和水平2，具有发展性特征。

4．导向性。

新课标规定“高中思想政治课程是落实立德树人根本任务的关键课程，以培育社会主义核心价值观为目的”。高中思想政治活动型课堂是培育学生思想政治学科核心素养的有效载体和主要渠道，即开展高中思想政治活动型课堂是以思想政治学科核心素养为导向的。新授课课堂是实现高中思想政治课程目标的主要方式和途径。

（三）架构要素

新课标提出“围绕议题展开的活动设计，包括提示学生思考问题的情境、运用资料的方法、共同探究的策略，并提供表达和解释的机会”。由此可见，议题、情境、任务、问题、活动五位一体，紧密联系，融会贯通，共同构成议题式新授课的架构。其中，议题为引领，为课堂开启“议”的模式；情境创设与议学任务提供“议”的氛围与“议”的内容，解决“在哪里议”和“议什么”的问题；课堂设问则是将“议”付诸行动的重要手段，是关于“如何议”的问题；议学活动是路径，为议题的深入开展、情境的充分体验提供实施通道（见图2–1）。

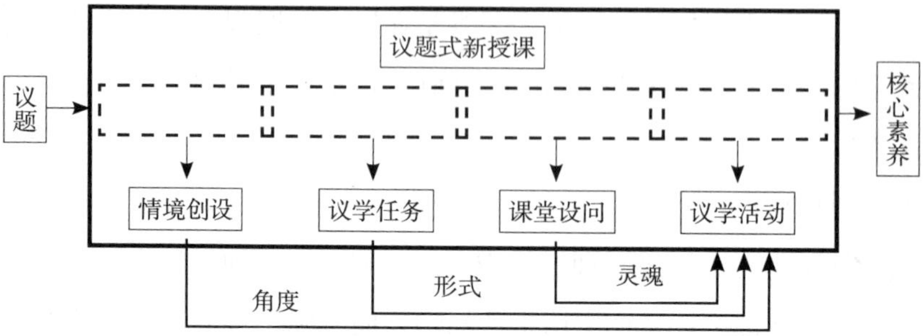

图2-1　议题式新授课构架

1．议题。

（1）议题的概念。

议题在《汉语大辞典》里被解释为会议讨论的题目，由“议”和“题”两部分组成，“题”是“议”的焦点，“议”是“题”的落脚点。高中思想政治新授课课型的构建，其首要环节也是其核心要素，即议题。“议题，既包含学科课程的具体内容，又展示价值判断的基本观点；既具有开放性、引领性，又体现教学重点、针对学习难点。”[2] 议题将教学核心内容与价值观念相结合，以问题、话题等方式呈现出来。议题在高中思想政治新授课课型中具有统领作用，并处于核心地位。

（2）议题的设置。

①学科性。

学科性要求议题设置要立足教材，体现学科价值。一方面，不能抛开现有的教材和课程开展议题式教学，而应从教材出发，在研究教材的基础上以议题的形式激活教材，力争所选议题和教材知识有机地融合为一体。活动型学科课程是课程类型的一种再创新，而并未改变思想政治学科的课程性质，所以在议题选择过程中要充分体现学科性原则。另一方面，“议题设置应体现思想政治课的学科引领和价值导向性。高中思想政治课的根本任务是立德树人，中学思想政治课是对学生进行德育最主要的途径，在教学中要引导学生形成正确的世界观、人生观和价值观。依靠教材各个模块设置的议题，要牢牢抓住社会主义核心价值观这条主线，坚定走中国特色社会主义道路，促进学生思想政治学科核心素养的养成”[3]。议题讨论需要思想政治学科作为支撑，并在此过程中实现学科的育人价值。

②现实性。

议题现实性包括教师和学生两个方面。一方面，议题要以学生为中心。第一要尊重学生身心发展规律，科学设置议题。备课先备学生，在设置议题时要充分了解教育对象。对于中学生这个阶段的年龄特征、认知发展水平和心理成熟度，以及他们现阶段所存在的困惑和质疑、问题认知上的可塑性乃至学生间的个体差异等，这些实际情况是教师设置和开展议题教学首先要考虑的问题。第二要贴近中学生的生活，设置真实议题。“通过议题整合教学内容时，要以高中生熟悉的生活场景作为议题的选材，兼顾学科逻辑和生活逻辑，使学生感悟到学科知识与社会现实之间的紧密联系。同时，思想政治课所具有的时代性、开放性、实践性、综合性等特征以及立德树人的教学理念要求在设置议题时将学生真实的生活情境进行结构化处理，将学生的生活融入议题，鼓励学生将学科知识与生活经验有机融合。”[4]另一方面，议题要与教师个性相结合。教师是议题的确定者和教学的引导者，在设计议题时可联系自身特点和文化背景，提高对议题的驾驭能力和对课堂的把控能力。另外，“因为每位教师的个性特点和教学风格的不同，结合课程内容所确定的议题也是有差异的，还会结合各地所处的地理环境、文化背景和特色资源进行议题开发”[5]。

③开放性。

议题设置的开放性具体体现在：第一，“营造民主的探究氛围，注重思维的开放性。在议题探究环节，教师要围绕议题创设开放轻松的学习环境，营造和谐的学习氛围，为学生提供主动探究和积极学习的情境，议题的开放性特征使教学活动活起来，形成‘观点争鸣’‘思想对垒’的学习氛围”[6]。第二，“议题应多维度观察、多角度探究、多层面剖析，开放性议题允许主体差异、鼓励思维碰撞，帮助学生突破认识局限、冲破认知束缚，实现深度学习”[7]。第三，关注学习过程，引导知识建构。传统的高中思想政治课教学强调的是知识的多次告诉和巩固掌握，而以议题为中心的教学强调“知识建构的过程和蕴含在知识中的价值取向，知识作为理解和认知事物的工具，而不是学习的最终目标，议题式课堂教学的过程不是教师对学科知识的单一解释，而是学生学习的动态生成和行动过程，是在质疑中建构知识的过程”[8]。

（3）议题的实施。

议题在架构要素中，处于统领及核心地位。议题确定后，每节课围绕议题创设合适的情境，开展相应的活动。将总议题细分为几个分议题，学生围绕分议题进行课堂思维活动或社会实践活动。通过解决一个个分议题，学生对总议题的理解越来越清晰明了。

2. 情境。

（1）情境的概念。

“情境=情+境”，即人们身处的、真实的、有情节的境地或境遇。议题式教学赋予知识和认识以情和境，从而使知识和认识变得具体化、生活化、问题化、思维化，继而大大提高学生的学习效果和效率。情境是载体，承载着议题的内容，使得活动型课堂有效开展。在新授课课堂中，创设不同情境能引发学生各种积极的课堂反应。

（2）情境的创设。

陈友芳教授认为：“学科核心素养实际上就是把所学的学科知识和技能迁移到真实生活情境的能力和品格。而要养成这种素养，意味着学生的学习应该是基于一个又一个的真实生活情境的主题或项目中通过体验、探究、发现来建构自己的知识，发展自己的能力，养成自己的品格。”[9]也就是说，建立在学科素养基础上的教育教学应当与学生的切实生活场景联系起来，通过创设恰当的生活情境让学生在具体的情境中学习，培养学生在真实的情境中运用所学知识提出并解决问题的能力与品格。

议题式教学的关键一环在于创设真实性的情境。学生必须对情境有真体验、真关注、真交流，成为生活化情境的“构建者”“参与者”“局内人”，通过理论联系实际，分析、论证，形成深度思维，形成科学的学科知识，培养关键能力，提高核心素养。

①通过议题内容创设情境。

教学情境的创设要围绕课堂的议题展开。情境联系着议题与活动，围绕议题创设议题情境，借助情境展开教学活动，这是议题式教学的共性特征，从这个意义上说，议题情境的创设就是其中不可或缺的桥梁纽带。

例如，《普通高中教科书 思想政治必修2 经济与社会》“践行社会责任 促进社会进步”中的探究活动建议：“围绕‘怎样弘扬劳动精神与投身创新创业’议题，探究怎样成为知识型、技能型、创新型的劳动者，成为有担当的创业者和经营者。”教师可布置课前任务，由学生搜集劳动模范、优秀创业者的先进事迹，制作成手抄报并进行课堂展示，引发学生的情感共鸣，再进行相关知识点的引导点拨。在议题式教学的课堂上，教师尝试将教材知识延伸到社会时事热点上，从先进个人、先进集体再到整个民族。

②通过角色扮演创设情境。

将课堂交给学生，由学生通过角色扮演的方式创设情境。学生在边演、边看的过程中，潜移默化地感受情境带来的体验。

例如，《普通高中教科书 思想政治必修3 政治与法治》8.3“法治社会”章节，在讲授“某社区召开会议，准备根据当地相关法规制定社区文明养狗公约，大家纷纷提出自己的意见”这一知识点时，教师引导学生运用法律知识对相关意见加以评析。该情境可由3至5名同学扮演各类人群，模拟社区会议讨论情况，按照教材中的剧本，也可以自己联系生活，联想所在小区的实际情况，进行文明养狗公约的意见发言。其他学生根据角色扮演的内容，运用法律知识对每位学生的发言进行评析。

③通过学生实践活动创设情境

“高中思想政治课程的性质决定了它要紧密结合社会实践，从社会生活中选取情境材料并应用于课堂。”[10]生活化情境创设要基于学科知识，从真实生活中挖掘素材。从学生生活中来，再到学生生活中去，创设一定的教学情境，将社会实践活动与课堂思维活动联系起来，将社会大课堂与学校小课堂结合起来。教学应坚持反映时代要求，思想政治课应时刻感受社会的脉动，在书本知识、生活实践和社会感应中，实现人的本质与社会和生活实践的共鸣。封闭式的思想政治课堂教学是无法带领学生感知社会脉动的，选择积极价值引领的学习路径，引导学生学会多维度观察、多角度思考，是活动型学科课程的显著特点。杜威提出的“教育即生活”“学校即社会”和陶行知提出的“生活即教育”“社会即教育”等观点都表明教育和社会生活之间存在着密切的关系。

例如，《普通高中教科书 思想政治必修1 中国特色社会主义》综合探究一“回看走过的路、比较别人的路、远眺前行的路”中的探究活动建议：“以‘如何理解人类社会发展的一般进程’为议题，探究人类社会发展的基本规律和趋势，明确科学社会主义的科学性。”教师应充分利用当地资源，带领学生实地参观博物馆、名人馆。学生在实践活动中，搜集课堂学习所需要的材料，可带笔记本做记录，以便后期形成展板和进行班级展示。

（3）情境的应用。

一个人的素养如何，是要面对具体情境或回归到具体情境中才能表现出来的。教师要柔化知识情境，让学生愿意“入境”，潜移默化培育其核心素养。情境的创设不是教师一人的自导自演，更不是一个人的“独角戏”，是教师在充分解读教材和分析学情的基础上与学生的思维对接或者心灵对话。以《普通高中教科书 思想政治必修2 经济与社会》第二单元“经济发展与社会进步”中的第三课第二框“坚持新发展理念”为例：新发展理念为创新、协调、开放、绿色与共享，如果从大的层面来讲学生很难快速“入境”，教师可创设一个寄宿制学校的学生讲述学校食堂的用餐方式、菜品设置、用餐服务、付款方式以及做菜流程等的具体情境进而引出五个概念。这让学生能够轻松“入境”，简简单单掌握学科知识并投入其中进行深刻探讨。

3. 任务。

（1）任务的实质。

布置议题任务的实质是检测学生是否能够迁移和应用本学科的知识，完成学科任务。

（2）任务的布置。

①主体性。

学生是完成议题任务的主体，教师在设计议题任务的时候，应该遵循发展性的教育理念，设计能够让学生独立完成的议题任务，让学生在议题任务中有话说，并从中收获成就感。

②多样性。

议题活动多种多样，从课前到课后，贯穿整个教学过程。议题活动之下的议题任务也多种多样，包括课前收集资料、梳理知识，课中议题探究、应用知识，课后议题决策、迁移知识。

③深度化。

议题任务围绕教学议题展开，教学议题的发展逻辑从“是什么”逐渐走向“怎么办”，议题任务也从简单的知识梳理到完成描述与分类、解释与论证、预测与选择、辨析与评价四项基本学科任务层层深入。因此，议题任务必须发挥学生主体性，体现多样性，引导学生走向深度学习，才能够整合高中思想政治的相关内容，发展学生综合能力。

（3）任务的实施。

每一步的活动任务都指向高中思想政治课的具体内容，学生理解了高中思想政治课的内容才能获得发展关键能力的桥梁。在实施议题式教学的过程中，教师可以布置学生完成以下三种活动任务。第一，教师可以引导学生完成资料收集的任务，让学生描述高中思想政治学科知识的含义、特征、表现等内容。例如，学生完成了“查阅党史文献”的议题活动任务，就能够描述中国共产党的宗旨是坚持全心全意为人民服务，坚定自身的政治认同。第二，教师可以通过让学生参与模拟、探究等活动，引导学生明辨是非，论证和评价高中思想政治学科知识。例如，学生完成“模拟政府执法活动”后，能够阐明建设法治政府的现实意义，并培养自己的法治意识和公共参与的使命。第三，教师可以通过学生调研等社会实践活动，拓展学生的眼界，强化正确的理论观点。例如，学生在完成“普法志愿服务活动”的任务后，能够列举建设法治社会的措施和意义，同时培养自己的法治意识和公共参与素养。

4. 问题。

（1）问题的概念。

问题即“要求回答或解释的题目”[11]。问题是议题式教学的主要呈现形式。问题是议题的细化，是开展议题式教学的有力抓手，是“议中学”的灵魂所在，设置问题的实质是考核学生是否能够迁移和应用本学科的知识，完成学科任务。适时、适度、有效提问能让学生“议”得出、“议”有所获，让课堂更有“议”味。

（2）问题的设置。

①针对性。

在设置问题的过程中，教师不能随意抛出问题，而需要根据教学目标、教学内容以及学生的实际情况来创设问题情境，要实现教学内容与教学情境统一的目标，在教学中将议题与问题有机融合，坚持议题为引领、问在议题中。教师在关注议题设计的整体结构及内在逻辑的基础上提出的课堂设问，能让学生“议”的结果更有意义和价值。

②阶梯性。

“活动型学科课程的教学评价，应专注学科核心素养的行为表现，一般采用‘求同’取向与‘求异’取向相结合的验证思路。”[12]高中思想政治新授课在教学过程中对于情境问题的创设应根据学生的主体差异性提出不同的问题，情境问题创设让全部的学生都能够有能力参与问题的研究和探讨中，这样才能够让所有学生的思维活动都得到有效的开发。这是一种有统一标准、无标准答案的评价。

③思辨性。

美国心理学家科尔伯格的“道德两难法”启迪我们，高中思想政治课堂教学可以艺术地创设“两难”情境和问题，引导学生探究思辨，让学生在深入的思考与激烈的争论中，通过比较，反复陈述与探究，逐步选择和甄别涉及的内容。甚至可触及思维的推理和演绎这一层面，最终使学生以更宽广的视角去分析问题，推理出原因，做出客观评价，并找到更理性、更丰富的解决方式，使认知在“两难”选择的互相碰撞中稳步发展，使正确的价值观念在心中落地生根。

（3）问题的运用。

课堂设问“生”于议题的整体结构内，“长”于情境创设的教学活动中，最终“成”于学科核心素养的目标要求。逻辑缜密、环环相扣的课堂设问让教学有的放矢、生动鲜活，让课堂更有“议”之美 。

5. 活动。

（1）活动的概念。

高中思想政治活动型课堂中所实施的教学活动，即课堂思维活动、社会实践活动。新课标的实施建议指出，本课程的教学要运用多种方式、方法，引导学生自主学习、合作学习和探究学习，强调学生的活动体验是其思想政治学科核心素养发展的重要途径。可见，活动是路径，为议题的深入开展、情境的充分体验提供了实施通道。

（2）活动的设计。

①序列化。

“要对应结构化的学科内容，力求提供序列化的活动设计，并贯穿于教学全过程。”[13]活动序列化应当围绕议题进行，如在活动设计中兼顾议题覆盖的以大概念为核心的结构化学科内容，突出学科课程教学重难点。遵循学科逻辑与实践逻辑，正确处理活动与议题、活动与活动之间的关系，并依据活动之间的有机联系在其间进行结构化建构，促进活动优化。否则，不良的活动序列将会使活动无法达到体验性活动的效果。

②问题化。

在活动中探析议题、解决问题，是开展高中思想政治活动型课堂的关键一环。活动设计不仅需要议题引领、情境切入，还需要问题驱动，无论是学生的思维活动，还是师生、生生互动，抑或小组合作探究活动，甚至社会实践活动，都需要以问题为纽带，依托问题把情境与学科课程连接起来，把活动与学科课程联系起来，把活动与情境素材结合起来，使真实、有效的序列化活动真正开展。

③素养化。

“如果说学科知识是学科核心素养形成的主要载体，那么学科活动则是学科核心素养形成的主要途径。素养只有在需要素养的活动中才能得到形成。”[14]活动应以教材知识点为支撑，渗透核心素养。只有创设一定的探究活动，才能更有效地激发学生内在动力和学习兴趣，进而彰显活动型课堂的探究体验，培育和促成学科核心素养，可以是某一个素养，也可以是几个素养相互融合。在活动中，学生的情感态度、价值观得到了提升，其政治认同、科学精神、法治意识及公共参与的学科素养得到了有效提高。这些都不是依靠说教、灌输、死记硬背等就可以达成的。

④多元化。

韩震在《核心素养与活动型课程——从本轮思想政治课程标准修订看德育课程的发展趋势》一文中指出：“知与行是活动，学而思也是活动；讲问题是活动，提问题也是活动；社会实践是活动，课堂教学也是活动；寻求结果是活动，享受探究过程也是活动。”[15]认知、行动、思维、实践、提问、教学、社会实践都是议题活动选择范围，教师可根据教学案例的要求设计课堂思维活动和社会实践活动有机结合的多元化议题活动。

（3）活动的开展。

在学生参与的课堂思维活动与社会实践活动中，教师是活动的引导者，引导学生用头脑思考、用眼睛观察、用耳朵去听、用双手去操作、用语言去表达、用心去体会、用自己的亲身经历去感悟，给予每一位学生平等参与活动型课堂的机会，关注每一位学生在活动型课堂中的获得感。

综上，高中思想政治新授课课型的架构要素分别为：议题、情境、任务、问题、活动，五者相辅相成。议题是新授课课型的总抓手，承载着课堂教学内容，贯穿于课堂的始终；情境的创设，为议题的开展提供承载平台，将问题融入教学情境中，引发学生的课堂思维活动，完成学科任务；开展好课堂思维活动和社会实践活动，让高中思想政治学科核心素养在课堂中生根发芽。

（四）存在问题

议题式教学对广大师生来说仍是新事物，由于缺乏经验且受传统、习惯、现实问题等影响，议题式教学面临颇多挑战，且存在一些问题。

1．偏离学科大概念。

“大概念指的是反映学科本质及其特殊性的、构成学科框架的概念。”[16]因此，基于学科大概念的议题式教学要指向学科知识，使课程内容结构化。但部分教师在设计议题式教学时，仍以知识点教学为目的。由于知识点内容繁杂，学生学到的往往都是孤立的知识，难以从整体上把握学习内容。而大概念是反映学科本质内容的核心观点，以大概念统摄议题式教学，学生才能构建学科核心观点认知框架，从整体上把握学科知识。以“我国的社会主义市场经济体制”为例，部分教师先将本课内容概括为市场调节、市场体系、市场缺陷、宏观调控四个知识点，然后进行细分。教师依据这些知识框架设计相应议题和情境，教学内容多而乱，学生难以从整体上把握本内容，难以把握我国社会主义市场经济体制的实质，体会不到社会主义市场经济体制的制度优势，无法从社会基本矛盾和主要矛盾角度认识将社会主义市场经济体制上升为基本经济制度的重要性，更无法实现知识的上联下结。

2．问题缺乏梯度和思辨性。

议题式教学的最终目标是培育学科核心素养、实现知识迁移、解决真实任务。因此，议题式教学所创设的情境应该源于真实生活，设计的问题应该具有广度、梯度和思辨性，既要能尊重学生个体差异，提高学生的参与度，又要能让学生由浅入深慢慢建构大概念框架，推动思维进阶，提高解决真实问题的能力。但偏离学科核心素养的议题式教学主要为知识点教学服务，议题良构情境和低阶思维问题多。这类教学设计的情境和问题不是指向社会现实，而是引出单个知识点，问题往往只有一个标准答案，甚至问题的答案可以直接从教材中获得。学生在这一过程中实现的是从情境到知识的单向过渡，缺乏从知识迁移到劣构情境的双向联动，只能解决良构问题，难以系统地运用学科知识解决现实生活中的问题。

3. 议题式教学等同于问题式教学。

这两种教学方式都注重培养学生在相应教学活动中的分析、解决问题的能力，但是它们之间存在比较明显的区别。例如，问题式教学模式下产生的问题既包括学生自主学习中发现的问题，也包括教师为了完成教学任务而设计的问题。而议题式教学的问题具有极强的开放性与综合性，并不只是单纯地培养学生解决具体问题的实际能力，而是同时培养学生的思想政治学科核心素养：政治认同、科学精神、法治意识和公共参与。

二、课型实例

教学背景分析（表2-1）

表2-1　教学背景1

基本信息					
学科	思想政治	年级	高二	课时	1课时（40分钟）
课程标准模块	《普通高中教科书 思想政治必修4 哲学与文化》				
教材版本	人民教育出版社，2021年1月				
授课课题	人的认识从何而来				

课标解读

了解人的实践活动的特性和作用，理解社会生活的实践本质；阐明实践是认识的基础，是检验真理的唯一标准；阐述认识真理的辩证发展过程。

教材分析

本课题主要讲述了人的认识源泉及实践与认识的关系。本框以“阅读与思考”为线索贯穿全文，从而引起学生对什么是认识、什么是实践、认识与实践有什么联系等问题逐步开展深入的思考。本课题包括“认识与实践”“实践是认识的基础”两项内容。教材还辅以相关链接，以丰富拓展教学内容。

学情分析

高二学生已经初步具备了自主探究学习的意识和能力，但有待进一步提高。这阶段的学生对事物的认识多停留在感性认识阶段，缺乏理性的思考。因而我们要注意从现象入手，逐步培养学生透过现象看本质的意识。

学习目标

1. 知识与技能：理解实践的含义及特点，掌握实践是认识的基础；初步具有运用马克思主义认识论原理分析和解决问题的能力。

2. 过程与方法：让学生在知识生成过程中体验哲学追问、思辨的思维方法，培养学生合作、分析、追问、思辨等能力。

3. 情感、态度与价值观：使学生在知识生成的体验过程中加深对实践第一性的理解和认可，体会到无论是生活小事，还是国家大事都需要人们的探索与实践，鼓励其在新时代的伟大发展中勤探索、勇实践。

4. 学科素养。

政治认同：树立牢固的实践第一的观点。

科学精神：明确实践是检验认识真理性的唯一标准，弘扬科学精神。

法治意识：树立法治观念，自觉地尊法、守法、护法。

公共参与：实践是认识的目的和归属，应积极参与到中国特色社会主义现代化建设中去。

教学过程设计

环节一：创设情境导课。

总议题——人的认识从何而来：你真的会洗衣服吗?

问题导入

师：人类在实践中认识和把握世界的过程，就是追求真理的过程。人的正确认识究竟是从哪里来的？实践在认识过程中的地位和作用是什么？有没有客观真理？人们如何在实践中检验和发展真理？弄清这些问题，对于我们正确理解和坚持党的思想路线，与时俱进，追求真理，具有重要意义。今天我们就来探究这些问题。

板书课题：人的认识从何而来？

师：重庆地处盆地，潮湿闷热，山城人民经过多年的探索与实践，创造了能有效祛湿驱寒的山城食物——火锅。这是独具特色的重庆味道，更是为外地人津津乐道的重庆印象。让我们一起来看看。

播放《火锅》视频。

环节二：活动体验，生成知识。

分议题1——认识的含义及其形式：重庆人为什么喜欢吃火锅？重庆人为什么喜欢吃重庆火锅？

师：同学们，你们喜欢吃火锅吗？最近一次吃火锅是在什么时候？

生积极回答，气氛热烈。

师：同学们，对于“火锅的喜好”这样的问题的认识属于哲学上的感性认识。认识是主体对客体的能动反映。感性认识是人们在实践基础上由感觉器官直接感受到的关于事物的现象、事物的外部联系、事物的各个方面的认识，包括感觉、知觉和表象三种形式。

师：人们常说川渝一家，但重庆火锅和成都火锅却自有个性，你知道是什么吗？

生：不是很清楚。

幻灯片出示图片：重庆火锅和成都火锅的区别

成都火锅的底料，以植物油为主，也就是我们说的清油火锅。重庆火锅底料以牛油为主，除了牛油还有其他动物油，至于比例则是秘密。

成都火锅有鸳鸯锅，能把清汤和红汤很好地区分开来，一桌人吃火锅也可以各凭所爱选择锅底。重庆火锅一般以九宫格居多，且基本都是红汤。

师：同学们，我们对于如“重庆火锅和成都火锅的区别”这样问题的认识属于理性认识。理性认识是人们借助抽象思维在整理、概括大量感性材料的基础上达到对事物的本质、全体、内部联系和事物自身规律性的认识，包括概念、判断和推理三种形式。感性认识是认识的初级阶段，理性认识是认识的高级阶段，感性认识有待于发展、深化为理性认识，理性认识依赖于感性认识，二者相互渗透、相互包含，具有辩证统一关系。

分议题2——实践的含义及其特征：火锅好吃，可吃火锅时要系围裙哟！因为容易弄脏衣服，衣服脏了不好洗。怎么洗？

师：人们常说“好山好水重庆城，鲜色鲜味火锅夜”，这说明，重庆人酷爱吃火锅。当吃着油花四溅的火锅，你们最担心什么？

生：油溅起来烫……

师：老师昨天吃了火锅，一不小心就弄脏了衣服（顺势展示有油污的衣服，并挂在黑板上）。衣服脏了，怎么办？

生：洗……

师：人们洗衣服的过程，是一个思维活动，还是实践活动？

生：实践活动……

师：那实践是什么？请大家看课本，齐读实践的概念——实践是人们改造客观世界的物质活动。

（学生读完后，教师继续提问）

师：洗衣实践中，衣服是主观意识还是客观事物？

生：客观事物……

师：是的，实践的改造对象是衣服等客观事物所构成的客观世界，它不包括人的意识、思维等主观世界。（幻灯片展示该知识点后，继续提问）衣服脏了，我想用洗衣粉把它洗干净，“想”，这是一种什么活动？

生：意识/思维/想法……

师：这是一种设想，通过洗衣，油污洗干净了，这说明设想变为了……？

生：现实……

师：通过实践，设想变为现实。这说明实践是一种直接现实性活动，能将观念的存在变为现实的存在。（幻灯片展示该知识点）

师：洗衣服是日常生活中的一件小事，但它却涉及方方面面的问题。

（幻灯片展示3个问题）

1. 洗衣的主体是谁？客体是谁？工具是什么？汗湿的衣服用冷水洗还是热水洗？

2. 你会将深色牛仔裤和白衬衫一起洗吗？

3. 古人洗衣用何工具？现代人洗衣用何工具？洗衣是一种孤立活动吗？

师：请结合教材和以上问题，分组讨论实践有何特征？前后两排为一组，讨论时间3分钟，开始！

结合问题，学生分组讨论、自主思考实践的三个特征。

教师观察学生讨论情况。

师：时间到，接下来请各组成员展示你们的讨论成果。第一个问题，谁先来？

生：洗衣的主体是人，客体是衣服，工具是洗衣机/洗衣粉……我认为汗湿的衣服用热水（冷水）洗，理由是……

师：首先洗衣实践中的主体、客体、工具都是客观的，因此，实践具有客观物质性。其次，人们认为热水能够洗去汗渍的认识是错误的，因为汗液中含有蛋白质，蛋白质遇热会凝固，如此一来，汗渍就洗不掉了。因此，清洗衣物需要遵循事物的客观规律。所以，从实践的构成要素和过程来看，实践都具有……？

生：客观物质性……（幻灯片展示该知识点：客观物质性）

生：牛仔裤和衬衫不能一起洗，因为会染色。

师：所以，人们清洗衣服时，是无目的、无规划地将衣物混在一起洗，还是有目的、有规划地分开洗？

生：分开洗。

师：是的，人们在洗衣等实践中，会有目的、有意识地开展活动，这说明实践具有……？

生：能动性。（幻灯片展示该知识点：能动性）

生：古人用木棒洗衣，现代人用洗衣机/洗衣粉洗衣。

师：为什么古人不能用洗衣机？

生：因为古人没有洗衣机/古代生产不出来洗衣机。

师：古人用木棒洗衣服，随着生产力提高，我们可以用洗衣机/洗衣粉洗衣服。这说明，不同的历史阶段，实践的水平规模不一样。这又说明，实践具有……？

生：历史性。

生：洗衣是孤立活动，原因是……/洗衣不是孤立活动，原因是……

师：其实，洗衣等实践不是一个人的孤立活动，而是一群人的团体活动，这说明实践具有……？

生：社会性。（幻灯片展示该知识点：社会历史性）

（幻灯片展示3个结论）

1. 汗湿的衣物不能用热水洗。

2. 深色衣物不能和浅色衣物一起洗。

3. 洗涤工具随社会进步而发展。

师：以上内容都是人们在洗衣过程中获得的什么？

生：经验/方法。

师：这些经验方法，从哲学上来说，叫作认识，认识就是主体对客体的能动反映。（幻灯片展示该知识点）那认识与实践有何关系？接下来我们一起探讨。

分议题3——实践是认识的基础：衣服你洗对了吗？怎么洗才最干净？

（幻灯片展示三种洗涤用品：肥皂、洗衣粉、洗衣液）

师：你认为哪种清洗油污效果最好？

生：肥皂/洗衣粉/洗衣液。

师：大家各抒己见，形成了三种观点，分别是——

（幻灯片展示）

1. 肥皂清洗油污效果最好。

2. 洗衣粉清洗油污效果最好。

3. 洗衣液清洗油污效果最好。

师：有人认为肥皂清洗油污效果最好，这是人们对肥皂功能的一种什么？

生：评价/认识。

师：以上都是主观认识，这些认识本身能评判自己对错吗？

生：不能/能。

师：认识本身无法判断自己的正误。肥皂、洗衣粉、洗衣液都想把什么洗掉？

生：油污。

师：油污是一种客观事物，那客观事物能评价以上观点的对错吗？

生：不能/能。

师：主观认识与客观事物都不能评判认识的对错，那我们该如何来检验呢？

生：实践。

师：口说无凭，接下来，大家一起来验证。请全体同学看清活动要求，分组开始你们的探究活动。

（5分钟内，学生根据活动要求分组清洗油污，时间到后，主洗人到前台展示）

师：当认识本身和客观事物无法检验认识对错的时候，我们通过实践发现，谁的清洗效果最好？

生：肥皂/洗衣粉/洗衣液。

师：所以谁是检验认识真理性的唯一标准？

生：实践。（幻灯片展示该知识点）

师：为什么检验认识真理性的标准只能是实践？

生：……

师：实践是一种直接现实性活动，能将观念的存在变为现实的存在。这一特性使实践成为唯一能将主观与客观联系起来加以对照的桥梁。（幻灯片展示：实践是检验认识真理性的唯一标准）

师：虽然（肥皂/洗衣粉/洗衣液）清洗效果最好，但它并没将油污清洗干净。生活中，还有哪些东西可以用来清洗油污？

生：洗洁精/皂液……

（幻灯片展示洗洁精图片）

师：洗洁精可以清洗衣服油污吗？谁来实践？

（师邀请一名学生上台用洗洁精清洗油污，全体同学观察效果）

师：刚才清洗油污的过程顺利吗？

生：不顺利，最开始……

（幻灯片展示清洗过程，教师结合清洗过程讲解知识点）

1. 肥皂、洗衣粉、洗衣液洗不掉油污——遇到新问题，解决新问题。

2. 用洗洁精洗掉油污——提供新工具。

师：在洗衣等实践过程中，人们遇到新问题，又不断利用新工具去解决新问题，如此一来，人的认识就不断往前发展。这说明，谁是推动认识发展的动力？

生：实践。

（幻灯片展示：实践是认识发展的动力）

（幻灯片展示问题：实践中发现谁的清洗效果最好？）

生：洗洁精。（幻灯片展示：洗洁精较易清洗油污）

（师邀请用洗洁精洗油污的学生起来回答问题）

师：你是如何得出这一认识的？

生：亲自去洗了。

师：通过亲自实践获得的认识叫作直接经验。（幻灯片展示该知识点）

那其他同学是如何得知的？

生：看他洗。

师：通过他人传递知识获得的认识叫作间接经验。（幻灯片展示该知识点）无论是直接经验还是间接经验都是实践的产物。所以，认识的来源是什么？

生：实践。

（幻灯片展示：实践是认识的来源）

师：其实，生活中的困惑还有很多。

（幻灯片展示问题：油烟机过滤网怎么清洗？水壶水垢怎么处理？菜板污垢怎么清理？地板缝怎么擦洗？皮沙发脏了怎么办？……）

师：让我们来看看生活达人是如何做的？

（幻灯片播放视频）

师：视频中的生活达人在清洗污渍时都用到了同一个东西，就是小苏打。洗洁精和小苏打呈碱性，都具有良好的去污功能。（幻灯片展示：呈碱性的洗洁精和小苏打都是日常生活的去污神器）

师：这一认识从何而来？

生：实践。

师：日后，如果你遇到一些去污问题，你会用这一认识去解决吗？

生：会。

师：这说明认识的最终目的是……？

生：实践。

（幻灯片展示：实践是认识的目的）

环节三：心海导航，学科导向。

师：生活无外乎衣食住行，美丽山城、火锅都是人们对重庆的认识，去污神器是人们对洗洁精、小苏打的认识。生活的乐趣与困惑都从实践得来，生活离不开实践。那民族振兴、国家发展离得开实践吗？

生：离不开。

师：是的，不管是生活小事，还是国家大事都离不开实践。而在中国特色社会主义现代化建设的进程中，涌现了无数的仁人志士，让我们一起来看看他们的实践之旅。

（播放视频《新时代》）

师（总结升华）：习近平总书记在党的十九大报告中庄严宣告，中国，已经进入新时代，而新时代的伟大探索与伟大实践离不开在座的你们，使命在呼唤，年轻当有为，中国的发展将因你们的创造而异彩纷呈！

环节四：拓展演练，提升能力。

（幻灯片出示）

1. 从国内到国外再回国内，经过8300多个日日夜夜的孜孜以求，河南药学家、河南师范大学校长常俊标和他的团队研制出了四种具有自主知识产权的原研药——治疗艾滋病、脑梗、肝癌和丙肝的药。这体现了实践（D）。

①是按照主观的内在本性改造世界

②是种直接现实性活动

③是客观见之于主观的能动性活动

④具有社会历史性的特点

A.③④　　B.①②　　C.①③　　D.②④

2. 互联网的发展，使人们网购商品的结构越来越合理、品种越来越齐全、服务越来越周到。不同需求的消费者，都可以通过网购满足需求。互联网正在改变着中国人的消费习惯，同时，互联网金融带给消费者的便捷服务，也在从另一个层面改变着中国人的消费观念。这表明（D）。

①认识来源于实践并指导实践　　②实践具有直接现实性

③实践是认识发展的动力　　④认识在实践的基础上不断发展

A.①②　　B.①④　　C.②③　　D.③④

3. 霍金以其“黑洞理论”闻名于世，但他并未因此获诺贝尔奖。有诺贝尔奖评委会委员认为霍金这一理论还没有得到验证，霍金也承认他的“黑洞蒸发”理论还没有被观测或者被实验证实。这说明（C）。

A. 真理是具体的有条件的

B. 实践是认识的目的

C. 认识的真理性必须由实践检验

D. 世界是可以被认识的

4. 阅读材料，完成下列要求。

回望“神舟”的飞天航迹，中华民族“摘星揽月上九天”的梦想一步步变为现实，这是一种豪情，也是我们伟大祖国创造的奇迹。

2003年，我国神舟五号载人飞船在发射过程中，火箭和飞船产生了共振。安全返回后，工作人员分析情况，认为飞船共振主要来自火箭的振动，最终通过改进技术工艺解决了问题。

2005年，执行神舟六号飞行任务的聂海胜说：“我们乘坐的火箭、飞船都非常舒适，几乎感觉不到振动。”中国航天人不断解决问题、完善相关的航天系统，推进航天事业不断向前发展。

2021年6月17日，中国航天员聂海胜、刘伯明、汤洪波乘神舟十二号载人飞船前往空间站，顺利进驻天和核心舱，在轨飞行期间开展了一系列空间科学实验和技术试验，为后续空间站建造运营奠定了更加坚实的基础。

2021年9月17日，神舟十二号载人飞船返回舱安全降落，这背后是全国100多个研究院所、3000多个协作单位和数十万工作人员几十年的团结协作和辛勤付出。

2021年10月16日，神舟十三号载人飞船发射取得圆满成功。

实践证明，只要我们矢志不渝地自主创新、勇攀高峰，就一定能逐梦更远的星辰大海，不断标注中国航天发展的新高度。经过几代航天人的接续奋斗，我国航天事业走出了一条具有中国特色的发展之路。

请结合材料，分析我国载人航天工程不断取得新成就是如何体现“实践是认识的基础”的。

①实践是认识的基础，实践是认识的来源。我国航天事业成绩的取得离不开广大科研工作者们几十年的团结协作和辛勤付出，我国载人航天方案、

技术都是从载人航天科学实验中积累、总结、探索出来的。

②实践是认识发展的动力。我国航天人在航天科学实验中不断检验技术，改进技术，发现问题，进而加以改进完善，不断拓宽认识的深度和广度。

③实践是检验认识真理性的唯一标准。我国载人航天方案中的技术难题都是在广大科研工作者不断实验、探索、修改中得到解决的，这正说明实践可以检验和发展真理。

④实践是认识的目的和归属，我国航天人不断地超越自身，不断地将科研成果运用到建设实践中，更好地改造世界，造福人类。

板书设计

- 人的认识从何而来
  - 认识与实践
    - 认识的含义、形式
    - 实践的含义
    - 实践的基本形式
    - 实践的特点
  - 实践是认识的基础
    - 实践是认识的来源
    - 实践是认识发展的动力
    - 实践是检验认识的真理性的唯一标准
    - 实践是认识的目的

课后作业

假如你是重庆火锅的宣传大使，你将如何推介重庆火锅？

三、课堂评价

一堂好课离不开独具匠心的教学设计。议题式教学聚焦思想政治学科核心素养培育，包括议题、情境、任务、问题、活动五大要素。其中，议题是核心，情境是载体，任务和问题是抓手，活动是路径。

从“议题”方面来看，首先，“人的认识从何而来”一课设置了一个总议题，即“你真的会洗衣服吗”。总议题在真实生活情境基础上凝练得出，创设的情境基于学生真实生活，契合学生实际。在总议题的引领下，根据新课标中相关教学提示、教学重难点、学生的实际生活、新闻热点等方面设置了三个分议题。分别为“分议题1：重庆人为什么喜欢吃火锅？重庆人为什么喜欢吃重庆火锅？”“分议题2：衣服脏了不好洗！怎么洗？”“分议题3：衣服你洗对了吗？怎么洗才最干净？”议题设计体现了该议题的核心观点及教学重难点，突出“实践是认识的基础”价值判断的基本观点，实现科学性和价值性的有机统一，意在通过议学活动让学生掌握正确的价值标准。其次，议题设计紧扣核心素养。该课例在研读课程标准、专研教材内容和分析高二学情的基础上，设计了如下教学目标：学习实践的相关知识，认同并牢固树立实践第一的观点；运用比较分析法，明确实践是检验认识真理性的唯一标准，弘扬科学精神；深刻认识实践的重要性，积极参与中国特色社会主义现代化建设，培育公共参与意识和法治意识。这一教学目标紧扣思想政治学科政治认同、科学精神、法治意识、公共参与四大学科核心素养，有效整合知识与技能、过程与方法、情感态度价值观，体现了思想政治课程标准的新理念和新要求。

从“情境”方面来看，首先，“人的认识从何而来”一课围绕总议题、分议题，创设情境，引发学生情感共鸣与思考。其次，在讲授新课环节，通过播放视频《火锅》，用真实的生活场景“吃火锅”创设情境，创设的情境基于学生的真实生活，契合学生实际，通过情境引导学生感受现实生活中问题的产生和解决都与认识和实践有关，呼应主题。在课中设置情境，教师展示一件有油污的衣服，并设问有油污的衣服怎么洗才干净，通过学生亲身体验，引导学生领悟实践和认识的含义。整堂课通过不同情境的设置，将抽象的教学内容，化为直观的画面呈现在学生眼前，解馋的画面、优美的配乐，在潜移默化中带领学生完成议题。在课程最后，回归学生生活，进行情感升华，在《新时代》视频情境的画面中，畅享实现中国梦，青年如何成为弄潮儿。最后，一例到底，能把所有议题串联起来，引人入胜。这种情境与案例选择能有效调动学生的积极性，引导学生关注生活中的各种现实问题，强化价值引领。

从“任务和问题”方面来看，“人的认识从何而来”一课中课堂设问并未直接提出，因为“认识和实践的含义”“实践与认识的关系”过于抽象，供学生进行思考的空间有限，缺少“议”的氛围，难以完成学科任务。因此，教师对问题进行适度“柔化”处理，结合议题，从三个角度对情境进行具体任务布置：“重庆人喜欢吃火锅，衣服脏了怎么办？”“衣服脏了不好洗。怎么洗？”“怎么洗才最干净？”问题层层递进、环环相扣，引导学生从不同情境中进行思考，实现“问题情境化”。在课后设置开放性任务和问题：“假如你是重庆火锅的宣传大使，你将如何推介重庆火锅？”通过模拟真实的生活情境，坚持“从生活中来，到生活中去”的原则，将关注的焦点转向自己，思考我与社会的关系以及如何践行中国特色社会主义现代化建设。

从“活动”方面来看，“人的认识从何而来”一课既包含学生课堂思维活动，也包含社会实践活动。首先，本课中，学生的课堂活动主要表现为：小组讨论、实践操作、成果展示。其中小组讨论、实践操作，贯穿于三个分议题的学习中。学生情感升华和实践操作课后作业，则是安排在课程结尾部分。以“新时代”为主题，进行感悟引导，既能让学生学习分议题三之“实践是认识的目的和归宿”，又能提升学生公共参与素养，鼓励青少年做中国梦的参与者。其次，本课中的社会实践活动主要表现为：在课中，学生通过实践操作验证哪种清洁剂洗衣服最干净；在课后，学生通过假设自己是重庆火锅的宣传大使，想出推介重庆火锅的方案，鼓励学生以志愿者身份走入社会。高中思想政治活动型课堂中的活动以议题为统领，在创设的情境中，开展活动，拉近学科知识与学生之间的距离，调动学生积极参与课堂，让学生以课堂主体的姿态呈现社会实践活动成果。

这堂课以重庆火锅为议题取得了不错的教学效果，但也存在一些值得思考的问题。例如，总议题是“你真的会洗衣服吗”还是“洗衣服的学问”？一例到底有哪些优势，又有哪些不足？是否需要考虑如何为下一个知识点“认识对实践具有反作用”做铺垫。在探究实践的重要性时，如何对学生进行更有效的价值引领，使学生深度认同实践第一的观点，如何统筹考虑教、学、评，评的维度是否太单一，等等。这些问题需要我们继续深入探讨。

参考文献

[1] 中华人民共和国教育部. 普通高中思想政治课程标准（2017年版2020年修订）[M]. 北京：人民教育出版社，2020.

[2] 中华人民共和国教育部. 普通高中思想政治课程标准（2017年版2020年修订）[M]. 北京：人民教育出版社，2020.

[3] 李晓东. 议题式教学设计与实施中的几个关键问题 [J]. 教学月刊中学版（政治教学），2019（1）：25–28.

[4] 朱爱武. 高中思想政治课教学议题开发刍议 [J]. 天津师范大学学报（基础教育版），2019（1）：14–20.

[5] 李娜. 异课话议题同构显卓越 [J]. 中学政治教学参考，2019（10）：50–52.

[6] 严宏亮. 思想政治课议题式教学探究——以“垃圾围城”为例 [J]. 中学政治教学参考，2017（19）：14–15.

[7] 李娜. 异课话议题同构显卓越 [J]. 中学政治教学参考，2019（10）：50–52.

[8] 刘丙胜. 教学议题的合理确定和有效实施 [J]. 思想政治课教学，2017（7）：38–40.

[9] 陈友芳. 情境设计能力与学科核心素养的养成 [J]. 思想政治课教学，2016（9）：4–6.

[10] 郭建强. “活动型课堂”中情境材料的选取与加工 [J]. 名师在线，2020（2）：39–40.

[11] 中国社会科学院语言研究所词典编辑室. 现代汉语词典（第7版）[M]. 北京：商务印书馆，2016.

[12] 中华人民共和国教育部. 普通高中思想政治课程标准（2017年版2020年修订）[M]. 北京：人民教育出版社，2020.

[13] 中华人民共和国教育部. 普通高中思想政治课程标准（2017年版2020年修订）[M]. 北京：人民教育出版社，2020.

［14］余文森. 核心素养导向的课堂教学［M］. 上海：上海教育出版社，2017.

［15］韩震. 核心素养与活动型课程——从本轮思想政治课程标准修订看德育课程的发展趋势［J］. 思想政治课教学，2016（03）：4–8.

［16］赵民. 通情・达理・致信・笃行：在大概念设计中探索政治认同素养培育路径［J］. 中学政治教学参考，2021（01）：11–13.

【复习课课型范式】

或因知识零散、遗忘，或因能力尚需提升，故有复习课型。然而再习之课，常有低效费时之弊。探其源，在于简单重复。简单重复仅有量变之状，而少质变之实。复习之要，在于目标之下共辟开放式课堂天地，通学生之有无，互采他山之石，裨补阙漏，并探究内在逻辑联系，构建、生成富有个性之知性结构，佐之以评价而就博渊。师者切不可越俎代庖，否则，师者劳心而沦为传声筒，何谈课堂效度之求？须知：学生唯待自我生成之后再习，方有质变。简言之，学生本体之下，互动温故而补之，构之，习之，方能真正习得。

一、课型概述

（一）复习课概念诠释

1. 复习课。

复习课教学过程是学生在教师的指导下巩固、整理、提升已有知识的过程。复习课是高中思想政治课堂教学中的重要课型之一。在阶段性教学内容完成后，通过复习课可以弥补教与学的疏漏，帮助学生深化理解知识，形成学科能力，进而达到培养其学科素养的目的。复习课，对学生而言，是系统掌握知识，发展思维能力的极为重要的一环；对教师而言，是弥补教学中的缺欠，提高教学质量不可或缺的环节。总之，复习课，可以提高学生整体知识水平，发展学生的智力和能力，提高教学质量。

2. 议题式复习课。

议题式复习课是将复习课与议题式教学有机结合，以“议中学”的方式进行复习课教学。与议题式新授课相比，议题式复习课更直接指向甄别性的结果评价。新课标明确提出，课堂教学“要通过议题的引入、引导和讨论，推动教师转变教学方式，使教学在师生互动、开放民主的氛围中进行”。基于此，“以讨论和展示为主要教学手段的议题式复习课教学，知识留存效果明显优于单纯的听讲和阅读”[1]，能显著提升复习课实效，帮助学生深化理解学科知识内涵。

（二）特征分析

新课标指出：思想政治学业水平考试命题框架，以学科任务导向为标志，由关键行为表现、学科任务、评价情境和学科内容四个基本维度构成，目的在于有效测试思想政治学科核心素养的真实发展水平。甄别性评价的维度设置制约着议题式复习课教学的维度特性：议题情境的典型性、学科任务的多样性和开放性、学科内容的综合性和结构化。

1. 议题情境的典型性。

新课标指出：核心素养要应对的是带有典型性、普遍性的问题和挑战。根据思想政治课程目标和内容，筛选典型情境用于命题。典型议题情境具有时代性，时代赋予情境以鲜活度。典型议题情境具有普遍性，情境的普遍性反映情境的热度、百姓的关切度和学生的参与度。教研组的集体备课、工作室的合作搜集是建立典型情境库的有效路径，这种集体工作机制对多角度、多领域搜集资源具有集约化功能。

2. 学科任务的多样性和开放性。

新课标指出：为了在测试中获得预期的关键行为表现，应该基于思想政治学科性质和育人价值，界定基本的学科任务类别，如描述与分类、解释与论证、预测与选择、辨析与评价等，并逐一分析影响其任务难度的基本因素，作为设计不同类型试题的参考。这些学科任务不同程度地成为考试命题要素。描述性任务主要用于描述议题或子议题的性质、特征、表现及其关系，回答“是什么”的问题。论证性任务主要用于解释和论证真实社会生活情境中的事物或问题，回答“为什么”的问题。决策性任务主要用于提出再构或预测性的假设或方案，回答“怎么样”的问题。辨析与评价性任务主要用于分析和评价事物的效能、事物之间的关系等，回答“应该怎么做”的问题。

学科任务的开放性要求将议题任务看成是一个非封闭的系统，注重活动的学科延伸和生成，从学生的疑惑或自我发现中拓展或创新“议”的视角，弥补预设不足。这类开放性任务往往能够使学生将议题带出课堂，在深化和拓展中实现学科素养的真实生成。对于议题式复习课教学来说，对课堂“议”况的质疑具有更大的生成性和不确定性。

3．学科内容的综合性和结构化。

一般情况下，复习课经常以课题、单元、模块的方式出现。其单位时间内的知识跨度大于新授课，以教材章节、单元和模块的形式综合化呈现。构建合理的知识结构是关注知识内容的逻辑结构，使基础知识、学科知识和相关知识形成体系。在议题式复习课教学中，教师不仅要关注学科知识间的结构化问题，而且要关注学科知识和议题情境之间的结构优化问题。

（三）架构要素

复习课是学生系统掌握知识、综合提升素养的重要课型。基于高中思想政治复习课在知识的系统化、思维的结构化和素养的层次性等方面的要求，议题式教学的复习课课型架构的要素为：议题、学科情境、学科内容、学科活动。复习课要以议题为引领，以学科情境、学科内容和学科活动为支撑，注重学科内容结构化、学科情境的真实性、学科活动的生成性。这样的复习课课型架构，能更有效组织和实施课堂教学，做到议中学、学中议，实现课程内容活动化、活动内容课程化，有效提高复习课课堂教学的效率和效益，培育和提升学生思想政治学科核心素养。具体的架构如图2–2所示。

图2-2　议题式复习课架构

1．议题。

议题，作为议题式教学的起点，具有基础性作用，决定课堂教学的内容，也事关课堂教学的水平，更与课堂教学的目的直接相关。

（1）整合性。

复习课作为新授课教学的再提升，直面“一核四层四翼”的高考评价体系要求，并非完全着眼于新课标规定的每一部分教学内容的要求，因而在设置议题时应更加注重知识的整合，更加倾向训练学生对知识的中、高级运用。在复习课中，知识复习的重点应更加倾向能够彰显与思想政治学科“政治认同、科学精神、法治意识和公共参与”四大核心素养相关联的知识及其整合。可以说，新授课教学在突出重难点的同时，还有兼顾知识面面俱到的倾向，而一轮复习则应该在一定程度上摆脱这一倾向。

（2）引领性。

高中思想政治复习课为了更好地实现其培育学生社会主义核心价值观，帮助学生树立正确的政治方向，提高政治学科的核心素养、增强社会理解和参与能力的目的，就要帮助学生能够理性地认识国家的大政方针政策，并在此基础上实现政治认同，为更好地践行社会主义核心价值观打下坚实的基础。故而思想政治复习课在话题内容的选择上应当更加倾向体现当前国家意志和社会热点，讲好政治故事，议好思政问题，提升学科素养，完成学科使命。至于所涉及的政治故事的逻辑链条与本部分知识的内在逻辑是否一致，则并非十分重要。这也是基于议题式复习课所承载的学科内容目标指向由知识的初步认知理解与初、中级运用向知识的再次深化整合与中、高级运用的转化，由以新课标为主要导向向以高考评价体系为主要导向的转变。这样的转变决定了在话题故事的选择上的倾向性不同，与教材内容的契合度不同。

（3）针对性。

议题设置的核心环节是“问题”，“问题”是为了实现相关学科内容的学习而设置的，所以，问题设置“要了解学生对议题的认识状况及原有经验，以提高教学的针对性、实效性”[2]。随着学生思维水平的提升，复习课问题的设置水准必然高于新授课问题的设置水准，不难发现，政治高考试题，尤其是主观题在问题的设置上更具复杂性、思辨性，这也决定复习课设置问题不同于新授课设置问题以教材逻辑链条为基础。由于复习课设置问题的复杂性和思辨性，这就在解决问题的过程中，实现了课本知识向相关学科知识的拓展，实现了学科知识向学科素养的转变。

2．学科情境。

（1）真实性、典型性。

构建真实典型情境，凸显价值引领。坚持正面导向作用，组织学生参加社会实践活动，体验社会生活的本真，实现从“我想”到“我能”的转变，培养学生的公共参与素养，建构生活与知识之间的真实联系，引导学生在真实情景中关注现实生活，实现由课堂中“做题”到广阔天地里“做事”的转变。

由讲述百姓生活到撷取先进事迹，由亲身体验到典型事例，由近及远地选择时政热点，设置试题情境，丰富课堂教学内容，引导学生从特殊到普遍，从个别到一般，探寻社会生活的共性与规律，引导学生与时代同心同向，确立正确的政治方向，坚定走中国特色社会主义道路的信念。

（2）梯度性、进阶性。

营造梯度进阶情境，培养关键能力。新课标指出：学科内容采取思维活动和社会实践活动等方式呈现，即通过一系列活动及其结构化设计，实现“课程内容活动化”“活动内容课程化”。要及时把学生的困惑与思考转化为教学情境，帮助学生思索社会生活提出的真问题，由“盲目的你叫我行动”到“提出我自己的困惑”，促成学生对社会生活的感悟由感性认识上升到理性认识，实现由“我行动”上升到“我思辨”，培养学生的思辨能力。

生活是问题的源泉，在社会实践活动中不断发现、不断产生的问题该如何解决？创设承载学科主干知识、突破教学重难点的学习探索情境，设置进阶问题，增强学生观察社会现象的能力，引导学生条分缕析，在思辨中探寻学科规律，达成学科任务，提高解决实际问题的能力。

（3）新颖性、开放性。

创设新颖开放情境，涵育学科思维。引导学生时刻关注家乡发展，根据客观实际“求新”“求变”，创设新颖情境，由反复记忆知识转向关注思维过程，培养良好的思维习惯，培养学生面对新情境快速调用知识的迁移能力，帮助学生跳出“死记硬背”“机械刷题”的怪圈。

开放而非闭合的情境能带给学生更大的思维空间；具备思维含量的问题是创设开放情境、不良结构情境的关键；强化任务导向，有利于激活学生思维，拓展其思维广度，由此及彼，增强其反思与迁移能力，破除思维定式，提升思维品质。

3. 学科内容。

（1）综合性。

新课标指出，命题要有效地引发学生在测试中预期的行为表现，就必须根据学科内容之间的内在关联，按照课程内容要求与学业质量标准，梳理相关学科的基本概念、基本原理、基本方法，明确它们之间的内在结构，据此确定学科内容的考查范围和形式。在复习课中，章节综合性呈现是将教材章节变成具有逻辑关系的系列问题，让学生在“议”中对知识进行整体梳理。单元综合性、模块综合性与课题综合性的机理相同，只是把复习范围由章节扩大为单元和模块，因而涉及内容的整体性和综合性更强。

（2）结构化。

学科内容的结构化既是系统论在复习课教学中的应用，也是结构主义理论在议题式教学中的应用，以克服教学中“只见树木，不见森林”的碎片化现象。学科内容的结构化需要教师把握两种结构：认知结构、教学结构。把握学生的认知结构是把学生看成一个具有一定经验的个体，并把这些经验看成学生的认知起点。教师要了解学情，关注学生已有认知信息，并将学生已有经验与教学相关联，作为教学设计的参考。优化课堂的教学结构是指，优化课堂教学要素和教学环节的排列和组合。一方面，教师要基于学生结构化思维设计学科活动，使学生在教师搭建的“支架”中实现“理解—应用—迁移”的素养提升；另一方面，教师要基于学生实践能力梯度设计教学环节，让学生把知识、方法和价值观应用和迁移到解决现实问题之中，反思和修正自身经验。

4．学科活动。

（1）合作互助性。

学科知识是核心素养形成的主要载体，那么学科活动则是学科核心素养形成的主要途径。传统复习课常采用“考点呈现—知识讲授—限时训练—当堂讲评”的模式，一定程度上能够满足应试需求，但实则与新课标下的核心素养培育的要求相距甚远。因此，在议题式复习课中，对话同伴即要求将师生、生生之间“互议”的思维、行为作为课堂活动的主要样态，通过对活动统筹布局的“衔接、递次和整合”，生成自由、自主、自觉的课堂学习氛围，达成复习目标。“思想政治教学应更加提倡开放互动的教学方法和合作探究的学习方法，让学生在充满民主的教学过程中，提高自身能力。”[3]

（2）主体性。

新课标明确提出，课堂教学“要通过议题的引入、引导和讨论，推动教师转变教学方式，使教学在师生互动、开放民主的氛围中进行”。可见，议题是贯穿课堂的纽带。

课堂教学中学生的参与度、活跃度直接影响教学效果的体现，学生是学习的主体，只有尊重学生的感受，才能使学生在学习中真正发挥主观能动性。因此，在课堂教学设计中要关注学生是否有自主思考、探究的时间，是否对课堂知识有反馈消化的过程等。更多地把课堂还给学生，才能使学生的能动性、主动性、创造性得到充分发挥。“只有使学生亲历自主辨识、分析的过程，并做出判断，才能真正实现有效的价值引领。”[4]

（四）存在问题

1．复习形式单一。

在复习课的教学阶段，受应试教育的影响，复习课的教学教师往往会选择传统的讲授法主导整个复习课堂。过于单一的复习课堂教学虽然可以在一定程度上保证复习效率，但却容易忽视学生的心理特征，从而无法达成既定的教学目标。

2．关键能力培养意识淡薄。

在新课标、新教材背景下，教师在开展高中政治复习教学时，必须重视对学生关键能力的培养。但是目前高中政治教师在开展思想政治复习教学时，常常将基础知识巩固作为复习的重点，忽视了对学生关键能力的培养，甚至认为高中政治复习“万变不离其宗”。这种复习理念导致教师在开展高中政治复习时，依然按照教材的内容照本宣科，对教材上的基础知识进行重复和巩固，忽略了对学生能力的培养。

3．学科思想方法渗透力度不足。

在新课标、新教材背景下，教师在开展课堂教学的时候，必须引导学生在学习过程中利用思想政治基础知识解决学习中遇到的问题，并促使学生在这一过程中明确思想政治与实际生活之间的联系，进而对思想政治学科的知识与方法进行总结和提炼。但在具体的高中思想政治复习课教学中，教师常常觉得合作探究、课堂提问等模式会浪费时间，常以个人教学经验作为主要依据，对学生进行知识灌输，并将复习的重点放到对教材中基础知识的解读上，忽视了学科思想方法的提炼与渗透。

4．师生科学学习策略运用水平有限无法推动共同进步。

新课标、新教材要求无论学校还是教师，在教育教学的过程中始终以学生为本，努力创造出适合学生且学生感兴趣的教学方法，融合多种教学手段进行授课。而长期以来，受传统教育思想的影响，在教学过程中部分教师往往只注重内容的教授和方法的引导，忽略了对学生能力的培养，使得课堂学习程序始终都是问答型，有的教师因为个人水平不足而故步自封，复习课更是以“满堂灌”的形式来进行，学生自主性学习能力更是无法培养。

二、课型实例

教学背景分析（表2-2）

表2-2　教学背景2

基本信息					
学科	思想政治	年级	高三	课时	1课时（40分钟）
课程标准模块	《普通高中教科书 思想政治必修3 政治与法治》				
教材版本	人民教育出版社，2021年1月				
授课课题	专题：发展社会主义民主政治 推进国家治理体系和治理能力现代化				

课标解读

“完善和发展中国特色社会主义制度、推进国家治理体系和治理能力现代化”是全面深化改革总目标，需要学生理解并认同。而“抗疫”课程直指国家治理体系以及治理能力现代化建设的优势和挑战。通过本模块的学习，学生能够理解坚持党的领导、人民当家作主、依法治国有机统一的重要性和核心内容。这既可以为他们参加政治生活提供基础性认识，也可以为他们理解政治文明提供指导和引领。

教材分析

本专题是《普通高中教科书 思想政治必修3 政治与法治》及十九届四中全会等关于社会主义民主政治建设和国家治理体系与治理能力等时事政治的总结。以党的领导、人民当家作主、依法治国有机统一为主线，讲述党的领导是人民当家作主和依法治国的根本保证，人民当家作主是社会主义民主政治的本质特征，依法治国是党领导人民治理国家的基本方式，是奠定学生政治立场与法治思维的基础。

学情分析

学生是未成年人，主要生活在家庭和学校的狭小圈子里，虽然身处国家广泛而深刻的、宏大而独特的社会变革中，但感触却不深，也更难理解其本质和意义。

学习目标

让学生在思考如何应对来势汹汹的疫情的真实任务下，感受在党领导下，“抗疫”的发动、组织、管理等国家治理体系的优越性。治理能力的关键是人的素质以及面临多方面的挑战时形成科学而系统的思考方法。

学生体察“抗疫”中的各种矛盾冲突，以及矛盾解决的措施，提高创造性地解决问题的能力。

学生在情境的分析中，形成对我国国家治理的结构、主旨、依据等的认识和理解，达成政治认同。

增强学生的制度自信，培育其政治认同和科学精神，实现建设性与批判性相统一、主导性与主体性相统一。

教学过程设计

课堂导入。

师：同学们，今天这节课我们一起进入《普通高中教科书 思想政治必修3 政治与法治》，关于我国民主政治建设的复习，老师将和同学们一起探讨我国的国家治理体系和治理能力现代化建设。

环节一：根据教学内容，确定复习议题。

总议题：“抗疫”中“如何推进国家治理体系和治理能力现代化”。

师：新冠肺炎疫情自2020年在全球肆虐，那么现在各国的疫情形势如何呢？请大家观看一段视频。

课题导入：中外对比找差距（是什么）。

视频展示“重点国家新冠肺炎疫情累计确诊数”动态可视化对比，反映截至2020年4月23日10时新冠肺炎疫情累计确诊数，见表2–3。

表2-3　重点国家新冠肺炎疫情累计确诊数

地区	新增确诊	累计确诊	累计死亡
全球	75450	2545853	179044
累计确诊病例数超过中国的国家			
美国	24888	844992	47430
西班牙	4211	208389	21717
意大利	3370	187327	25085
法国	1827	159877	21340
德国	1772	150062	5250
英国	3323	133495	18100
土耳其	3083	98674	2376
伊朗	1194	85996	5391

备注：上述数据为国家官网发布的2020年4月23日10时信息。https://new.qq.com/omn/20200430/20200430A0QIR500.html。

师：请同学们关注数据的变化，进行对比，中国和外国在新冠肺炎疫情防控的成效有哪些差别？

生进行小组活动，通过了解各国新冠肺炎疫情防控的数据、资料，概括各国新冠肺炎疫情防控情况，探讨中国抗击新冠肺炎疫情工作取得的积极成效。

师：同学们，中国的"抗疫"措施和成效为什么能得到国际社会的一致称道。近期疫情形势的积极变化也使我们增强了信心。信心来自哪里？

生：我们的制度优势。

师：对，中国特色社会主义制度是我们战胜疫情的强大根基。

师：同学们，通过中外对比，我们能认识到我国在新冠肺炎疫情防控上的成效。中国作为发展中国家，能够在较短时间内有效控制疫情，说明制度优势是一个国家的最大优势，制度竞争是国家间最根本的竞争，中国特色社会主义制度是符合中国国情的具有巨大优越性的社会制度。

环节二：准确分析议题，建构知识体系。

师（过渡语）：突如其来的新冠病毒侵扰人类的事件，是新中国成立以来，传播速度最快、感染范围最广、防控难度最大的重大公共卫生事件，光靠医疗系统自身是不可以解决的。它考验着国家的疫情防控治理体系、应急管理的措施及其实施机制、制度的顶层设计、舆情的引导机制、法治建设等国家和社会综合治理的制度安排、科学决策、解决问题措施与实施。“抗疫”的发动、组织、管理，都是国家治理体系和治理能力在具体事件中最直接的体现。

师：什么是国家治理体系和治理能力呢？我们请一位同学根据之前的学习内容回答。

生：国家治理体系和治理能力是一个国家制度和制度执行能力的集中体现。我国的国家治理体系是在党领导下管理国家的制度体系，包括经济、政治、文化、社会、生态文明和党的建设等各领域的体制机制、法律法规，也就是一整套紧密相连、相互协调的国家制度；国家治理能力则是运用国家制度管理社会各方面事务的能力，内容包括改革发展稳定、内政外交国防、治党治国治军等各个方面。

师：请同学们用纸笔对我国国家治理体系中学科大概念进行逻辑建构。完成后，请同学上台展示。

学生上台展示。

环节三：创设问题情境，迁移运用知识。

师：“抗疫”是对国家治理的一次大考，“抗疫”中，我国治理体系和治理能力究竟体现了哪些优越性？请大家看以下几段材料。

分议题1：中国实践析原因（为什么）——“抗疫”中，我国治理体系和治理能力体现了哪些优越性？

情境1：众星拱月玉宇澈。

疫情发生后，中国共产党鲜明提出，把人民生命安全和身体健康放在第一位。各级党委和政府坚决服从党中央统一指挥、统一协调、统一调度，做到令行禁止。全国14亿人民在党的领导下，团结一心、守望相助。火神山、雷神山医院10天建成，医疗队火速驰援，防护服、口罩连夜生产……中国调集最优秀的医护力量、集中最精良的医疗设备，举全国之力打赢这场疫情防控“阻击战”。在这场没有硝烟的战斗中，人们总能看到共产党员冲锋在前的身影。9000万共产党员，460万基层党组织，这是一支不可战胜的力量。

情境2：建言献策聚共识。

全国和地方各级政协委员担当勇为、冲锋在前，全力投身疫情防控和救治一线；慷慨捐款捐物，积极组织企业复工复产，及时提出建设性意见建议。一条条发言、一份份建议，反映热点难点、传递社情民意，及时送上“雪中炭”“金点子”。他们用实际行动诠释了“为国履职、为民尽责”的情怀与担当。

情境3：上下同欲者胜。

疫情防控期间，我国对重要物资实行国家统一调度，优先保障湖北省防控医用物资、生活生产物资，确保居民生活必需品供应，建立交通运输“绿色通道”，将各类物资快速便捷送到抗疫一线。在这场严峻斗争中，哪里有疫情，哪里困难多，哪里就有四面援助、八方支持。武汉告急，湖北告急。一声令下，东西南北中、党政军民学，整个国家开足马力，全速运转。为了加强对武汉及湖北的支援力度，根据中央统一安排，19个省市医疗队驰援湖北除武汉以外的16个市、州。

情境4：利民之事，丝发必兴。

疫情发生以来，国务院把人民群众生命安全和身体健康放在第一位，以高度负责的精神落实防疫工作：医保局将新冠肺炎治疗费用予以报销；生态环境部门加强疫情医疗废物环境管理、医疗废水和城镇生活污水监管、生态环境应急监测等工作；疫情防控期间公安部落实15项治安管理便民利企措施；财政部出台系列财税保障政策，推动企业复工复产……

情境5：六亿神州尽舜尧。

在疫情防控过程中，我们不断健全防治结合、联防联控、群防群治工作机制，深刻认识到社区是疫情联防联控、群防群控的关键防线，推动防控资源和力量下沉，把社区这道防线守严守牢。发热了、病了找社区，没床位找社区，没吃的也找社区……在汹涌的疫情面前，社区被看作第一道“防波堤”。政府要把防控力量向社区下沉，加强社区各项防控措施的落实，充分发挥社区在疫情防控中的阻击作用，使所有社区成为疫情防控的坚强堡垒。

情境6：治民无常，唯法为治。

中央全面依法治国委员会审议通过了《中央全面依法治国委员会关于依法防控新型冠状病毒感染肺炎疫情、切实保障人民群众生命健康安全的意见》，明确要求完善疫情防控相关立法，构建系统完备、科学规范、运行有效的疫情防控法律体系。

情境7：青山一道同烟雨。

疫情全球蔓延，中国秉持人道主义精神，已向150多个国家和国际组织提供急需的医疗物资援助，累计派出15批医疗队援助16个国家，向世界卫生组织捐款5000万美元，支持发展中国家疫情防控和卫生体系建设……一批批珍贵物资、一次次视频连线、一个个援外医疗专家组，尽己所能，扶危济困，绽放出命运与共、大爱无疆的人道主义光辉。突如其来的新冠肺炎疫情，使全球陷入第二次世界大战结束以来最严重的公共卫生危机。在应对这场全球公共卫生危机的过程中，构建人类命运共同体的迫切性和重要性更加凸显。唯有秉持人类命运共同体理念，团结协作、携手应对，国际社会才能战胜疫情，维护人类共同家园。中国将进一步发挥负责任大国的作用，在力所能及的范围内承担更多国际责任和义务。

师：同学们，请结合老师提供的材料内容思考，从国家治理的角度分析中国在新冠肺炎疫情防控上取得重大战略成果的原因有哪些呢？请小组讨论3分钟，然后我们请小组代表展示讨论成果。

学生进行小组讨论，从国家治理角度分析中国在新冠肺炎疫情防控上取得重大战略成果的原因。

生1（第一小组代表）：中国共产党是中国特色社会主义事业的领导核

心，党发挥总揽全局、协调各方的领导核心作用，党的宗旨是全心全意为人民服务。在中国共产党的领导下，国家紧紧依靠人民群众，坚决打赢这场疫情防控“阻击战”，表明我国的政党制度具有坚持党的集中统一领导的显著优势。

生2（第二小组代表）：人民政协是人民民主的重要实现形式，主题是团结和民主。协商民主是实现党的领导的重要方式，是我国社会主义民主政治的特有形式和独特优势，具有政治协商、民主监督和参政议政的职能。全国和地方各级政协积极建言献策，勇于担当履职。

生3（第三小组代表）：我国坚持民主集中制，健全充分发挥中央和地方两个积极性体制机制；理顺中央和地方权责关系，加强中央宏观事务管理，维护国家法制统一、政令统一、市场统一；坚持全国一盘棋，调动各方面积极性，集中力量办大事的原则，各地方“一方有难、八方支援”，各部门各司其职，相互协调，筑起了抗击新冠肺炎的巍峨长城。

生4（第四小组代表发言）：我国政府是人民的政府，宗旨是为人民服务，具有保障人民民主和维护国家长治久安的职能、组织社会主义经济建设的职能、加强社会建设的职能、推进生态文明建设的职能。应对疫情，我国政府积极履职，践行宗旨。

生5（第五小组代表发言）：乡村治理是社会治理的基础和关键，是国家治理体系和治理能力现代化的重要组成部分。政府发挥基层群众自治制度优势，守住社区这道防线，全力打赢疫情防控“阻击战”；广泛联系群众、发动群众、凝聚群众，有效确保了各项措施的贯彻落实，筑牢了抗击疫情的人民防线。

生6（第六小组代表发言）：法律是治国之重器。依法治国是党领导人民治理国家的基本方略。全面依法治国是中国特色社会主义的本质要求和重要保障，是中国特色社会主义国家制度和国家治理体系的显著优势，应坚持依法治国的基本方略，完善疫情防控相关立法，依法防控。

生7（第七小组代表发言）：我国奉行独立自主的和平外交政策。维护世界和平、促进共同发展是我国外交政策的宗旨。我国在维护自身利益的同时，兼顾他国合理关切，在谋求本国发展中促进各国共同发展。中国对外援助体现大国担当。

设计意图：在“抗疫”过程中，国家出台的政策以及措施取得了应有效果。以文字情境和“抗疫”成功原因的商议活动为支撑，通过小组合作讨论，讲好“抗疫”过程中的感人故事，提高学生获取和解读信息的能力，提高学生调动和运用国家治理体系相关知识的能力；分析中国特色社会主义制度在新冠肺炎疫情防控中表现出的优越性，培养学生的科学精神和政治认同，体现教学的开放性、实践性和综合性，实现灌输性与启发性相统一、显性教育与隐性教育相统一。

师：同学们，“抗疫”斗争中我们取得了显著的阶段性成就，这是否就说明我国的国家治理体系和治理能力完美无缺了呢？

分议题2：中国实践迎挑战——抗击新冠肺炎病毒的“战疫”对我国治理体系和治理能力提出了哪些挑战？

视频信息：这次抗击新冠肺炎疫情，是对我国国家治理体系和治理能力的一次“大考”。面对空前复杂且艰巨的任务，在党中央的坚强领导下，各地集中有力开展防控工作，体现了中国危机管理的历史传统和巨大制度优势。当然，金无足赤，人无完人。我们也清醒认识到，我国地方治理体系的运行中，存在着短板和不足。疫情期间，部分防控地区的防疫措施疏漏较明显。

1. 集中统筹与分布式决策管理的短板和不足：在一些关键领域、关键环节发挥集中统筹的制度优势在任何危机管理中都是必要的，一个有效的“中央大脑”是形成危机应对的问题导向和目标导向的前提，是克服各方面信息不对称，调动全国四面八方、各系统各部门高效协同形成“全国一盘棋”的关键。但是从此次疫情处置尤其是疫情暴发初期的情况来看，在疫情防控的一些关键环节，暴露出一定的漏洞。面对危机，权责配置失衡的问题受到了党中央关注。

2. 新技术企业参与危机防控的经验值得重视。疫情暴发以来，国内新技术企业群体积极介入疫情防控，利用大数据管理、科技算法、远程呈现等技术优势，在病例收集、远程诊疗、分布式管理、保障物资供应链良好运转、对接国际救援资源等方面，发挥了极为重要的作用。

但是同样需要认识到，依法保护公共数据安全的紧迫性。国内新技术巨头将更全面掌控全国性公共卫生、物资储备和人口结构等数据信息，未来关系国计民生的各项公共数据管理将加速从封闭逐步过渡到有效开放。这些开放的“大数据”面临一定的安全风险。如何保障公共数据的依法有序共享，如何保护好个人隐私，如何为海量公共数据的创新应用提供更多立法保护和政策支撑，以及如何防范技术巨头的头部垄断、保持更公平也更具活力的市场环境等问题，将成为国家治理体系尤其是国家监管体系的现实问题。

3. 基层社区亟须专业能力提升。此次疫情暴发以来，社区成为疫情防控的一线力量。事实上，一些地区已经意识到社区是“另一个抗击疫情不见硝烟的主战场”。但同时，基层社区危机管理能力和专业化疾控知识薄弱的问题，构成了疫情防控第一道防线的短板，也是现有公共危机应对和国家治理体系的一个短板。以湖北各市为例，社区层面工作人员非常负责，开展了卓有成效的工作，但社区医疗防护资源不足和专业性疾病防控能力欠缺的问题依然是需要总结的教训。

师：同学们，“抗疫”斗争中我们取得了显著的阶段性成就，但同时还存在一些亟须完善的地方。我们还需搭建更全面的防控体系，完善更加精细化、高效的应急反应体系，建设全方位的社会治理共同体，不断提升社会治理效能。

师：这次抗击新冠肺炎疫情，是对我国国家治理体系和治理能力的一次“大考”。面对空前复杂艰巨的任务，在党中央的坚强领导下，各地集中有力开展防控工作，体现了中国危机管理的历史传统和巨大制度优势。

环节四：精选议题试题，提升解题能力。

随堂测试育能力（怎么样）。

单元复习课应注重提升学生能力，题型训练就是提升学生解题能力的有效途径。“授人以鱼不如授人以渔”，通过精选议题式的试题，让学生亲身体验解题过程、体验解题思路；同时，还需要为学生创设交流、讨论的平台，让学生在互动交流中实现解题方法的碰撞，通过讨论，让学生在不同的解题方法中达成共识，实现“和而不同”，总结出正确的解题方法。

中国共产党第十九届中央委员会第五次全体会议于2020年10月26日至29日在北京举行，全会审议通过了《中共中央关于制定国民经济和社会发展第十四个五年规划和二〇三五年远景目标的建议》。据此回答1～2题。

1. 实现“十四五”规划和二〇三五年远景目标，必须坚持党的全面领导，充分调动一切积极因素，广泛团结一切可以团结的力量，形成推动发展的强大合力。这表明中国共产党（　　）。

①坚持依法执政，完善国家法律体系

②行使国家权力，推进国家治理现代化

③始终发挥总揽全局、协调各方的领导核心作用

④推进中国特色社会主义政治制度自我完善和发展

A. ①②　　B. ①③　　C. ②④　　D. ③④

【答案】D。

【解析】完善国家法律体系的主体是全国人大及常委会，不是中国共产党，①排除；中国共产党不是国家机关，不能行使国家权力。②错误；党始终发挥总揽全局、协调各方的领导核心作用，形成推动发展的强大合力。③符合题意；坚持党的全面领导，推进中国特色社会主义政治制度自我完善和发展。④符合题意。

2. 建议文件起草的一个重要特点是坚持发扬民主、开门问策、集思广益。2020年8月16日至29日，文件起草组开展网上征求意见，网民留言100多万条；听取了各民主党派中央、全国工商联负责人和无党派人士代表意见。这有利于（　　）。

①建立建言资政和凝聚共识制度

②推进社会主义民主的生动实践

③加强人民政协专门协商机构建设

④回应新时代人民群众的期盼与诉求

A. ①②　　　B. ①③　　　C. ②④　　　D. ③④

【答案】C。

【解析】材料体现了建言资政和凝聚共识，但没体现建立制度，①排除；材料中发扬民主、开门问策、集思广益，网上征求意见等是我国社会主义民主的生动实践。②符合题意；人民政协专门协商机构建设在材料中未体现。③排除；建议文件的起草工作组征求各方意见，能回应人民群众的诉求和期盼。④符合题意。

3.（2020全国Ⅱ卷）阅读材料，完成下列要求。

2020年5月召开的十三届全国人大三次会议和全国政协十三届三次会议是我国政治生活中的大事。“两会”审议、讨论《民法典（草案）》，备受国内外关注。

参加会议的全国政协委员在各界别小组讨论《民法典（草案）》，委员们认为，《民法典（草案）》充分体现了人民至上的理念，贴近百姓生活，涉及方方面面，反映新时代需求，是维护公民各项权利的一部百科全书。经过人大代表的认真审议和热烈讨论，根据各方面意见，《民法典（草案）》最终修改100余处，其中实质性修改40余处。5月28日，《民法典》在十三届全国人大三次会议表决通过，成为推进全面依法治国、中国法治建设的里程碑。

结合《民法典》的通过，阐述两会所彰显的我国社会主义民主政治的优势。

【参考答案】人民代表大会制度是我国的根本政治制度，中国共产党领导的多党合作和政治协商制度是我国的一项基本政治制度。一年一度的全国“两会”是符合我国国情的社会主义民主政治的实现形式。人大代表参加人大会议行使国家权力，人大会议按照民主集中制原则，审议通过《民法典》，保障人民当家作主。在对《民法典（草案）》的讨论中，政协委员共商国是，反映社情民意，建言资政，彰显协商民主的独特优势。

在这一环节中，教师还应注意以下两点：

1．试题选择要具有感悟性。学生能力的提升和解题方法的获得，不能由教师单向地传授给学生，应通过议题式教学，通过讨论让学生在亲身实践和互动交流中感悟。

2．试题选择要具有反思性。议题讨论与分析中，要善于引导学生进行总结与反思，在反思中达成共识，探索正确的解题方法，实现自我发展。在此环节中，还应举一反三，实现解一道题，会一类题的目标。

课后作业

1．如果让你组成一个 10人的领导小组抗击本次疫情，你觉得应该从哪些部门筛选人？为什么？组长是谁？

请写出一个筛选的理由。

2．如果你们小组是“抗疫”工作的领导小组，你们将从哪些方面思考“抗疫”的工作思路？你们将依据怎样的立场做出决策？你们将提出哪些应对策略？你的决策将怎样得到贯彻执行？

请写出一个简单的“抗疫”工作思路。

3．如果你是一名快递小哥（或者是“抗疫”需要的其他社会角色），你将怎样参与“抗疫”？

4．讲述一个创造性地解决“抗疫”中问题的故事。

三、课堂评价

议题式教学设计的评价指向思想政治学科核心素养的培养，主要围绕教学议题、议题情境、议题活动、议题任务四个维度展开。

从教学议题看，议题式复习课的议题，在知识的系统化、思维的结构化和素养的层次性上提出更高的综合化要求。以本节课为例，以“抗疫”中“如何推进国家治理体系和治理能力现代化”为总议题统领各个要素，引领贯穿学生学习的全过程。设计两个分议题进行议题的探索：①“抗疫”体现了我国治理体系和治理能力的哪些优越性？②“抗疫”对我国治理体系和治理能力提出了哪些挑战？

从议题情境看，与议题式新授课的简单情境等不同，议题式复习课更加注重序列化，对学科内容的系统化、学科情境的主题化、学科活动的生成性进行重点设计。一是学科内容系统化。基于国家治理知识体系的构建，将《普通高中教科书 思想政治必修3 政治与法治》模块中的中国共产党、中国政府、人民、人大、人大代表、人民政协、政协委员、基层自治组织和国家等主体知识进行有逻辑、有结构的学科知识重构，为议题式教学的开展提供内容支撑。二是建构主题化学科情境。基于国家治理体系和治理能力现代化，结合年度重大热点新冠肺炎疫情防控，对热点进行有效建构，为学科知识的调动和议题活动的开展提供有效的载体支撑。三是开展生成性学科活动。以新冠肺炎疫情防控一例到底的方式，以“抗疫”中“如何推进国家治理体系和治理能力现代化”为总议题，以新冠肺炎疫情防控一案到底的教学设计，从“是什么、为什么、怎么办”三个情境问题和三个随堂测试展开学科讨论和展示活动，从国家治理体系和治理能力现代化的角度，培养学生重构《普通高中教科书 思想政治必修3 政治与法治》知识的能力，考查学生政治认同、法治意识、科学精神和公共参与学科核心素养。

从议题活动看，议题式复习课对国家治理的学科知识依托学科大概念进行系统化建构，对学科思维活动进行“是什么”“为什么”“怎么办”和“怎么样”的结构化处理，并在公共参与和科学精神培育的基础上对政治认同素养提出更高层次的要求。因此，寻找、确定、设计、实施评价综合化的学科议题，即围绕综合化学科议题开展教学活动，是议题式复习课的课堂架构的中心。

从议题任务看，议题式复习课教学除了需要引导学生完成主干知识的系统扫描和逻辑建模之外，还需要在议题引领下培养学生将知识应用于不同结构情境的能力和迁移于新情境的能力。本节复习课以疫情“大考”中党、政府和人民的表现为情境载体，让学生置身于真实的情境中，运用本节课所学知识完成学科任务，有效提升了学生对本节课知识的理解和迁移能力。在任务链的问题中，学生在自主探究和合作探究中增强了理解与论证的能力。课堂活动调动了学生参与探究的积极性，使学生成为课堂真正的主人，让整个课堂充满了智慧的火花。

目前，教师们对议题式教学实施的研究，集中在议题式教学在新课中的设计、实施和评价上，对议题式教学在高考思想政治复习课中的研究成果不多。本堂课对传统复习课模式进行大胆创新，积极践行新课程理念，做了积极而有益的探索，但难免存在瑕疵，如在课堂设计中教师未能完全顾及每位学生的学习难点，造成学生复习效率大打折扣。学生与学生之间合作探究的某些问题难度太大。这些问题都是需要教师在以后的教学生涯中细心留意。

参考文献

［1］沈雪春. 议题式教学例论［M］. 西安：陕西师范大学出版社，2019.

［2］中华人民共和国教育部. 普通高中思想政治课程标准（2017年版2020年修订）［M］.北京：人民教育出版社，2020.

［3］李晓东. 教学情境与命题情境的区分及其意义——基于《普通高中思想政治课程标准》的文本分析［J］. 中国考试，2020（01）：47-53.

［4］中华人民共和国教育部. 普通高中思想政治课程标准（2017年版2020年修订）［M］. 北京：人民教育出版社，2020.

【评讲课课型范式】

习之一时而未必有得，甚而有误，故需讲评，以讲评为练习之延伸、升华。然讲评当以摸排所得之学情评价为逻辑起点，或补偿，或探究。若练而无评、无补、无探，则学生知之不深，亦难窥全貌。于此之外，当重学生参与，否则，学生灵思被缚，何以登高望远、深化认知？何成慧才？因此，师者仅为向导，偶有引导、提示、点化之语；生者诚为登堂入室的主体，或主讲主评，或分组合作共讲共评，或……不过，每题均予以讲评，自有课时不足之叹，故讲评务求精要择取，一语中的，且师生须基于学情而有所取舍，即以易错题、难题等普遍性缺失处为鹄的。

一、课型概述

（一）概念诠释

试题评讲课是在练习或考试之后，教师和学生对试题讲析和评价的一种课型。试题评讲课的功能在于检验学生的学习效果，让其巩固、矫正、完善已学知识，展现和锻炼学生必备知识、关键能力，培养、浸润学科素养和核心价值，提升学生深度思考、解决现实问题的能力。试题评讲课需要学生自评自究，生生互评互辩，师生思维碰撞，共同探讨解题方法、分析解题思路、提高解题能力，真正体现以学生为主体、教师为主导，实现学生在学习过程中的形动、感动、情动、神动的阶梯进阶。

（二）特征分析

1. 目标性。

目标明确是一节课的起点，又是一节课的归宿；是一节课要努力的方向，是讲好课的前提和保证。有目标则胸有成竹，无目标则茫然无措；目标明确则主次分明，目标缺乏则“眉毛胡子一把抓”。只有确立好目标才能做到有的放矢、事半功倍。因此，教师在备课时，首先一定要明确试题评讲的内在意图，弄清楚“为什么讲”“讲什么”“怎么讲”的问题，我们不妨在备课阶段不断追问和思考：设置这堂课的意义和价值是什么？这一堂课究竟要解决什么问题？具体的目标又是什么？

评讲课教学目标的确定应有充分的依据和坚实的基础。一是根据新课标、《中国高考评价体系》以及高校的人才选拔要求等来确定，二是根据学生在训练和考试中暴露出的问题（知识、能力、非智力因素等方面）来确定。

2．情感性。

当学生的练习或考试呈现的结果不理想时，一些教师常常斥责学生：“这个问题我都讲过好几遍了，你们还是不会！”“讲了这么多遍，再笨也应该会了呀。”评讲课的整个课堂往往为教师的斥责、怒气和学生的压抑、挫败所笼罩。其实，评讲课如果非要有一种情绪的主基调，应该是也必须是赞扬、肯定。

首先，教师要善于发掘学生的闪光点，对学生的优点不吝赞赏，如卷面美观、解题规范、头脑灵活、逻辑严密、解法有独到之处、有创造性等。评讲课可以通过多媒体投影、学生上讲台讲解、展示优秀答卷等方式突出优点、展现风采，供全班同学效仿、借鉴。

其次，评讲课不能完全变成“夸夸课”，一味地掩过饰非、“讳疾忌医”。教师需要以真诚理性的态度，帮助学生找到思维的堵点、痛点，并同他们一起研究解决堵点、痛点的策略，探讨怎样做才能将错误思路修正为正确答案。

总之，评讲课应让学生达到“胜不骄、败不馁”的境界，增强学生信心，激发学生兴趣，消除学生压抑感，增添学生成功感。

3．主体性。

苏霍姆林斯基曾说过，人的心灵深处，总有一种把自己当作发现者、研究者、探索者的固有需要。这种需要在中学生精神世界尤为重要。在学生的学习过程中，学生是学习的主体，教学效果要体现在学生身上，只有通过学生的自身操作和实践才是最有效的。

长久以来，一些教师习惯做“保姆式”的教师，身陷刻板课堂教学模式的“囹圄”中，无法挣脱长年形成的惯性教学桎梏，并陶醉于“独角戏”的表演中；传统的课堂教学模式中，学生常常是“隐形人”，学生缺位、失语、失声，成了看客。新一轮课程改革改到深处是课堂，课堂需要革新，需要自我否定、自我发展。因此，新课程、新教材的背景下，如何发挥学生的主体性、变“一言堂”为“群言堂”是亟待解决的重要课题。评讲课的主体性意在发挥学生的自主性、能动性，培养学生而非教师的分析问题和解决问题的能力，要使学生真正成为评讲课的主人。

4．拓展性。

评讲课除了解决题目本身存在的问题之外，教师还应帮助学生有所拓展和升华。

第一，教师需要引导学生透过题中的表面现象，抓住不同试题的本质特征进行归纳和总结，让学生对考卷上的同一类问题有一个整体感，有利于学生的总结提高。一是按知识点归类，就是把考同一知识点的题目归在一起进行分析讲评，这种归类可以强化学生对重点知识的记忆理解、拓展深化。二是按解题方法归类，即把试卷中涉及同一解题方法、技巧的题归到一起进行分析。三是按答卷中出现的错误类型进行归类，一般可分为对概念、规律理解不透甚至理解错误，审题时对题中的关键字、词、句的理解有误，思维定式的负迁移，模型建立失当，过程分析错误等类型。另外，还可以按题设结构（A型、A对B型等）、题目类型（原因类、评析类、分析说明类等）、知识范围的角度（宏观角度、中观角度、微观角度）、材料结构（结构优良、结构不优良、递进式结构、对比式结构等）进行归类。

第二，评讲课不能只是就题论题，孤立地逐题讲解，可以进行演绎式、发散式讲解，可对解题思路发散（一题多解），可对情境发散（一题多联），可对问题发散（一题多变），这种训练宜由浅入深、步步推进，使不同层次的学生均有所收获。

5．补偿性。

评讲课后必须根据学生反映出来的情况进行矫正补偿，这是评讲课的延伸，也是保证评讲课教学效果的必要环节。评讲课后，学生需要自查自纠，修正不会的题目，收集整理“错题集”，做好错因的分析说明，做好思维过程可视化，实现“究错”到“纠错”的转换；教师要及时聚焦练习或考试反馈的问题，精心设计针对练习，重复训练易错易混问题，达到矫正、巩固的目的。

（三）存在问题

评讲课在课堂教学中十分常见，它往往发生在学生的练习或考试之后，一些教师对于试题评讲，要么无微不至地包办一切，要么流于形式地浅尝辄止，时常觉得千篇一律，或者无从下手，搞不清楚为什么讲、讲什么、怎么讲，学生的收获可能仅限于知道正确答案，而不是真正解决存在问题的能力，师生都容易产生无效感、无力感、挫败感。

（四）架构要素

1．问题摸排。

评讲课的起点在于找准目标，目标主要来自学生练习或考试后所呈现的问题。为了明确目标、找准问题，教师要做好精心的课前准备，注重新课标研究，加强学科专业学习，把握课改方向，同时认真阅卷评分，做好统计分析（统计好平均分、合格率、优分率、低分率，各分数段的人数的分布情况，及每题的得分率、解答情况，包括独特的解法、典型的错误等），做好问卷调查和调查情况统计分析，进行问题摸排，掌握试题评讲的第一手资料。

2．共同探究。

调查结果发现：对一个较难的问题，学生最希望的授课形式是教师把问题摆出来，让他们自己独立思考或通过同学间的相互讨论而获得解决方法。因为这样做使学生对所学知识印象更深刻，不易忘记。因此，评讲课要明晰教师和学生的角色定位，教师是“导演”，学生是毋庸置疑的“主角”；教师主导，学生主体；教师要善于组织、引导、点拨，学生要动脑、动口、动手；教师要善于设计带有启发性、探索性、开放性的课堂，学生要主动思考、积极探究、大胆假设、发现问题、凝练观点；教师要“懒”，学生要勤。

3．拓展升华。

评讲课要摒弃“满堂灌输式”的面面俱到、“蜻蜓点水式”的简单肤浅，不能只就题讲题、仅局限于试题本身，应有所拓展、有所升华，可以总结归纳，也可以发散演绎，力求达到“评讲试题不止于试题本身”的效果。

教师要引导学生运用总结和归纳的思维，形成解答主观试题的一般思路：审题破题、知识基础、情境研读、提炼有效、共性个性勾连、生成答案，实现“多题归一”；教师要启发学生运用发散和演绎的思维，探索不同解题思路，对试题情境、设问进行发散思考，灵活变通，探索“一题多解、一题多联、一题多变”。

4．矫正补偿。

评讲课需要针对特定的堵点、痛点进行及时的矫正补偿，以达到矫正问题、心理补偿的目的。教师须精心设计针对练习，重复训练易错易混问题，让学生的所学所悟即时得到运用，增强学生的成就感、获得感。同时，采取学生自查自纠与他述他评相结合的方式，培养学生发现问题、解决问题的能力。

二、课型实例

教学背景分析（2–4）

表2–4　教学背景3

基本信息					
学科	思想政治	年级	高二年级	课时	1课时（40分钟）
课程标准模块	《普通高中教科书 思想政治必修4 哲学与文化》				
教材版本	人民教育出版社，2021年1月				
授课课题	探究解答政治主观试题的基本思路				

政策解读

新课标指出，学科核心素养是学科育人价值的集中体现，是学生通过学科学习而逐步形成的正确价值观、必备品格和关键能力。思想政治学业水平考试坚持以学生的思想政治学科核心素养发展水平为考查对象，考查学生能否综合运用相关学科内容，参与社会实际生活，在真实情景中提出问题、分析问题和解决问题。学业水平考试命题框架，以学科任务导向为标志，由关键行为表现、学科任务、评价情境和学科内容四个基本维度构成，目的在于有效测试思想政治学科核心素养的真实发展水平。

教育部考试中心编写的《中国高考评价体系说明》指出，中国高考评价体系包括高考的核心功能、考查内容和考查要求。考查目的为“一核”，即“立德树人、服务选才、引导教学”，是对素质教育中高考核心功能的概括，回答“为什么考”的问题；考查内容为“四层”，即“核心价值、学科素养、关键能力、必备知识”，是素质教育目标在高考中的提炼，回答“考什么”的问题；考查要求为“四翼”，即“基础性、综合性、应用性、创新性”，是素质教育的评价维度在高考中的体现，回答“怎么考”的问题。

通过对新课标、高考评价体系和高校选拔人才要求的阅读和整理，我们应该认识到：目前，无论是从现实还是从理论的角度，要落实新课标、高考评价体系和高校选拔人才要求的思想观念，试题无疑是考查学生的主要载体之一。试题依托情境或情境活动，即通过选取适宜的素材，再现学科理论产生的场景或是呈现现实中的问题情境，让学生在真实的背景下发挥核心价值的引领作用，运用必备知识和关键能力去解决实际问题，全面综合展现学科素养水平，实现考查目的、考查内容和考查方式的有机统一。

同时，有些细小的观点亦不容小觑。为了在测试中获得预期的关键行为表现，应该基于思想政治学科性质和育人价值，界定基本的学科任务类别，如描述与分类、解释与论证、预测与选择、辨析与评价等，从这里明确了思想政治学科任务；中国高考评价体系创造性地提出了高考命题理念从“知识立意”“能力立意”向“价值引领、素养导向、能力为重、知识为基”转变的理论基础与方法论基础，由此课堂教学、试题评讲应破除传统认知和陈旧观念，做出恰当的调整和改变。

试题分析

本堂课设计的是思想政治主观试题专题；选取的试题均是近几年的高考试题，主要是与新教材新高考相关的试题，以保证评讲的有效性、规范性、科学性、严谨性；题目数量是对照1课时（40分钟）选取的，以实现单位时间效益最大化，提升学习效率；题目难度呈现递进式的特点，有基础题、中档题、提高题，由易到难，由浅入深；试题选取、课堂设计旨在探究一题多解、多题归一、一题多变，进行归纳、发散等思维的训练，追求科学精神；试题素材选取，具有政治认同、公共参与的导向性。

学情分析

学生进入高二，有了一定思想政治学科的学习基础，产生了解决好主观试题的强烈愿望和需求，想要增强学科学习的应用感、获得感、成就感，也具备一些零零散散的解决主观试题的经验。与此同时，学生在解决主观试题时又存在诸多问题：畏难情绪严重，学生不愿意做，老师不愿意讲；知识基础不够深厚，“基本功”不扎实；或者无从下手，或者“信马由缰”，缺乏缜密的思维逻辑；只重教材共性理论，轻视个性化阐述；共性理论与个性论述“两张皮”；只知死记硬背，不知学以致用；对材料解构肤浅，对信息反映迟钝；核心问题忽有忽无，答非所问；隐性信息挖掘不够，把握不了试题的主题思想；语言烦琐，学科专业化程度不够，词不达意；主观试题得分率低。

学习目标

通过本堂课的设计，帮助学生克服对主观试题的畏难情绪；帮助学生养成良好的主观试题思维习惯和形成应对政治主观试题的一般思路；通过思维过程可视化，帮助学生精准摸排思维的堵点痛点，并对症下药、精准施策，疏通堵点、痛点；希望学生能在“复刻”教师思维的过程中，形成灵活变通的思维方式；培养学生在真实情境下发现问题、解决问题的能力，实现核心价值、学科素养、必备知识和关键能力的有机统一。

教学过程设计

1．课前准备。

教师通过调查问卷的方式，调查学生在应对政治主观试题方面存在的堵点、痛点，为教师备课、课堂实施环节做好准备。

教师在开始评讲之前，分发导学案。

2．课堂环节。

（1）课堂导入。

师：没有调查就没有发言权。此前我们就“应对政治主观试题时存在的具体问题”进行了问卷调查，今天我们一起来看调查的结果。

教师通过多媒体向学生展现调查的结果。

应对政治主观试题时存在的具体问题：记忆不清、理解不准、知识体系混乱；对有效材料信息不敏感；概括、总结、提炼能力欠缺；审题破题能力不强，“差之毫厘，谬以千里”；缺乏各种题型答题的基本思路；完全忽视隐性信息（中心话题、主题思想）；语言表达能力有待提高。

学生自行观看，频频点头。

师：在考试中，政治主观试题的分值占据总分值的“半壁江山”，是考查学生知识、能力、素养、价值的重要载体，其重要性显而易见。近几年高考中，政治主观试题得分率偏低，因此让学生形成应对主观试题的一般思路、提升应对能力十分必要。接下来，我们一起围绕“探究解答政治主观试题的基本思路”的议题开始本堂课。

（2）课堂探究。

总议题：探究解答政治主观试题的基本思路。

（2021高考浙江卷）嘉兴南湖红船、井冈山八角楼革命旧址群、宁夏西宁县将台堡红军长征会师纪念园……一件件实物、一处处旧址、一座座纪念馆，记录着中国革命的伟大历程和革命先烈的感人事迹，承载着革命传统和革命精神。我们对革命先辈足迹的每一次探访，都是一次思想的陶冶和洗礼；与革命文物的每一次相遇，都是一次精神的对话和传承。保护好、管理好、运用好革命文物，传承好红色基因，不仅是党和人民的共识，也成为各地政府和广大群众的切实行动。

运用社会意识的相关知识，说明为什么要传承好红色基因。

议题1：从答题步骤的角度，探究解答政治主观试题的基本思路是什么。

师：以上题为例，请大家结合以往经验，从答题步骤这个角度，探究解答政治主观试题的基本思路是什么。提示：第一，答题步骤即答好一道主观试题，我们首先应该做什么，其次做什么，最后做什么？分几步走？第二，采取小组交流、生生合作的方式，并做好交流结果的记录以及分享发言。（预设：对于这个问题，学生会有很多观点，但往往朴素零散、不成系统，要让学生深入思考、大胆表达他们的观点，在思考和表达的过程中逐渐修正、补充、完善，使学生的思维由“乱”走向“治”）

小组充分交流，生生合作解决，并做好小组交流结果的记录。

师：请小组成员分享交流结果。

学生纷纷发言。

教师点评学生发言，逐步达成师生间的答题步骤共识。（预设：形成答好主观试题的答题步骤的共识，即审题破题—研读材料—有效勾连—列出要点—生成答案—整体自查）

师：同学们能帮老师完善导学案上的表1吗？请同学们首先独立完善，然后合作解决。

学生先独立完善表格，遇到疑难处生生合作解决。

师：请同学们逐一展示表格完善情况。

教师引导，师生共同完善该表格，见表2-5。

表2-5 第一种思路1

答题步骤		我的痛点、堵点（知识、能力、技巧、心态、素养等）	我改进的措施
第一步：审题破题	知识范围：社会意识的相关知识 题目类型：为什么——必要性、重要性、可能性 主体客体：无 中心话题：传承好红色基因—革命传统、革命精神—中国特色社会主义 核心问题：为什么要传承好红色基因		
第二步：研读材料	材料结构：实物——精神、思想——传承（递进式结构） 包含几层意思：实物、旧址、纪念馆，精神、思想，传承的共识和行动 有效信息提炼：革命传统和革命精神，思想的陶冶和洗礼，精神的对话和传承		
第三步：有效勾连	革命传统和革命精神—红色基因—中国特色社会主义文化—社会意识 为什么要传承红色基因—传承红色基因的重要性—社会意识的作用		
第四步：列出要点	共性理论：社会意识具有相对独立性，先进的社会意识可以正确地预见社会发展的方向和趋势，对社会发展起积极的推动作用 个性论述：革命传统、革命精神是中国特色社会主义文化的红色基因。这种红色基因今天依然属于先进的社会意识（承前启后），对当代中国发展具有积极推动作用		
第五步：生成答案	社会意识具有相对独立性，先进的社会意识可以正确地预见社会发展的方向和趋势，对社会发展起积极的推动作用。革命传统、革命精神是中国特色社会主义文化的红色基因。这种红色基因今天依然属于先进的社会意识，对当代中国发展具有积极推动作用		
第六步：整体自查			

议题2：除了从答题步骤这个角度，你还能提供解答政治主观试题的其他思路吗？

师：除了从答题步骤这个角度，你还能提供解答政治主观试题的其他思路吗？

学生思考，相邻学生相互交流。（预设：对于学生而言，要求学生提供其他思路，难度颇大）

老师给同学们提供了第二种思路，请同学们完善导学案上的表2。（预设：学生有第一种思路的铺垫，应该可以很快完善第二种思路）

学生迅速完善第二种思路表。

师生共同完善，展示参考思路，见表2-6。

表2-6　第二种思路1

思维过程可视化			我的痛点、堵点（知识、能力、技巧、心态、素养等）	我的改进措施
题设逻辑可视化	根据设问，用什么分析、说明，分析、说明什么，怎么分析、说明	用什么说明：哲学——社会意识相关知识 说明什么：为什么要传承好红色基因 怎么说明：红色基因是什么？为什么要传承好红色基因		
知识逻辑可视化	主要适用微观或中观角度主观性试题，将涉及的知识逻辑化、体系化	社会意识的相关知识：社会意识的含义、社会意识的相对独立性、社会意识与社会存在的关系		
材料逻辑可视化	基于设问，提取材料中的有效信息，将有效信息逻辑化、体系化	实物、旧址、纪念馆，精神、思想，传承的共识和行动		

续表

思维过程可视化			我的痛点堵点（知识、能力、技巧、心态、素养等）	我的改进措施
答案逻辑可视化	基于设问，结合材料，生成答案，将答案生成过程变成一个个可视化的思维节点	革命传统和革命精神——红色基因——社会意识 为什么要传承红色基因——传承红色基因的必要性、重要性——社会意识的作用		
	生成答案	社会意识具有相对独立性，先进的社会意识可以正确地预见社会发展的方向和趋势，对社会发展起积极的推动作用。革命传统、革命精神是中国特色社会主义文化的红色基因。这种红色基因今天依然属于先进的社会意识，对当代中国发展具有积极推动作用		

师：我们思考和总结一下，答好主观试题的两种思路的共同焦点是什么？答好主观试题，必须首先解决的第一要务又是什么？

生：思考、感悟、表达。

师：总结。两种思路都涉及题设（审题破题）、知识（知识基础）、材料（材料研读）、答案（生成答案）。

板书：题设（审题破题）、知识（知识基础）、材料（材料研读）、答案（生成答案）。

要答好主观试题必须先解决的第一要务在于知识基础。万丈高楼平地起，扎实基础是关键。扎实基础功在平时，功在持久。“基本功”练得越好，知识基础越深厚，信息敏感度就越强，能力提升就越迅速。解决基础问题，才能提升能力，然后才是解决思维的广度和纵深的问题。

教师按照师生共同探究的成果，请任意选择一种思路独立完成导学案上的课堂检测。同时，请同学们从知识、能力、技巧、心态、素养等各方面进行自我评价，摸准自己思维的堵点、痛点，并对症下药，提出具体的改进措施；也可以邀请他人提出评价，获得他人的赞同、支持或不同看法。

学生自行检测，强化和巩固前面所学。

（3）课堂检测。

（2019全国卷Ⅰ）走进北京市西胡林村、天津市六街村等传统村落，我们能够欣赏风格独特的民居建筑、丰富多样的村镇空间格局，品味具有浓郁地方特色的俚语方言、家风家训、乡约乡规、民情风俗，感受人与自然和谐共生的文化韵味。传统村落承载着绚丽多彩的农耕文化，寄托着一代又一代中华儿女的情感记忆和绵远乡愁，是我国乡村历史、文化、自然遗产的“活化石”。

随着工业化、城镇化的快速发展，传统村落衰落、消失的现象时有发生。例如：不少传统村落因缺少产业支撑，医疗、文化、教育等公共服务不能满足现代生活需要，导致人口流失严重，甚至出现“空心化”；古民居、古建筑得不到及时修缮和维护，自然毁损严重；传统工匠越来越少，传统建筑工艺、传统艺术日渐失传；在旅游开发过程中，无视传统村落的自然、历史、文化等个性化特征而盲目拆旧建新、拆真建假，对传统建筑、历史风貌造成破坏性影响，导致“千村一面”。

保护、传承和利用好传统村落，是实施乡村振兴战略和增强中华文化自信的内在要求。2012年以来，我国大部分传统村落已被列为保护对象。

（注：传统村落是指拥有物质形态和非物质形态文化遗产，具有较高的历史、文化、科学、艺术、社会、经济价值的村落）

保护、传承和利用传统村落需要增强人们的文化自觉意识。结合材料，运用意识能动作用原理对此加以说明。

参考思路（便于师生对照，特把参考思路附上，见表2–7、2–8）

表 2–7　第一种思路 2

答题步骤		我的痛点、堵点（知识、能力、技巧、心态、素养等）以及改进措施	他人评价（赞同或者提出不同看法）
第一步：审题破题	知识范围：意识能动作用原理 题目类型：分析说明 主体客体：无 中心话题：保护、传承和利用传统村落 核心问题：增强人们的文化自觉意识对保护、传承和利用传统村落的作用（A对B）		
第二步：研读材料	材料结构：传统村落的价值—传统村落衰落、消失的现象—保护、传承和利用好传统村落（对比式结构、递进式结构） 包含几层意思：传统村落的价值，传统村落衰落、消失的现象，保护、传承和利用好传统村落 有效信息提炼：增强人们的文化自觉意识；传统村落承载着农耕文化，寄托着情感记忆和绵远乡愁，是我国乡村历史、文化、自然遗产的“活化石”；传统村落衰落、消失的现象时有发生；传统村落已被列为保护对象，保护、传承和利用好传统村落		
第三步：有效勾连	文化自觉意识——正确意识；传统村落的价值——意识指导人们能动地认识世界；传统村落衰落、消失的现象时有发生、传统村落已被列为保护对象，保护、传承和利用好传统村落——意识指导人们能动地改造世界、树立正确意识、克服错误意识		
第四步：列出要点	共性理论：意识是人对物质的能动反映，对物质具有能动的反作用，人们在意识的指导下能动地认识世界、改造世界。树立正确意识，克服错误意识 个性论述：增强文化自觉，引导人们正确认识传统村落的历史文化价值（认识世界），更加自觉地加以保护和传承（改造世界）；克服错误观念（认识世界），避免破坏性开发（改造世界），把保护、传承与利用有机统一起来（正反两面）		
第五步：生成答案	意识是人对物质的能动反映，对物质具有能动的反作用，人们在意识的指导下能动地认识世界、改造世界。我们应该增强文化自觉，引导人们正确认识传统村落的历史文化价值，更加自觉地加以保护和传承；克服错误观念，避免破坏性开发，把保护、传承与利用有机统一起来。		

续表

答题步骤		我的痛点、堵点（知识、能力、技巧、心态、素养等）以及改进措施	他人评价（赞同或者提出不同看法）
第六步：整体自查			

表2-8　第二种思路2

思维过程可视化			我的痛点、堵点（知识、能力、技巧、心态、素养等）以及改进措施	他人评价（赞同或者提出不同看法）
题设逻辑可视化	根据设问，用什么分析、说明，分析、说明什么，怎么分析、说明	用什么说明：意识能动作用原理 说明什么：保护、传承和利用传统村落需要增强人们的文化自觉意识 怎么说明：增强文化自觉意识的作用是什么？增强文化自觉意识对保护、传承和利用传统村落的作用是什么		
知识逻辑可视化	主要适用微观或中观角度主观性试题，将涉及的知识逻辑化、体系化	意识能动作用原理：意识是对物质的能动的反映，又对物质具有能动的反作用，人们在意识的指导下能动地认识世界、改造世界。树立正确意识，克服错误意识		
材料逻辑可视化	基于设问，提取材料中的有效信息，将有效信息逻辑化、体系化	传统村落的价值；传统村落衰落、消失的现象，保护、传承和利用好传统村落		

续表

<table>
<tr><th colspan="3">思维过程可视化</th><th>我的痛点、堵点（知识、能力、技巧、心态、素养等）以及改进措施</th><th>他人评价（赞同或者提出不同看法）</th></tr>
<tr><td rowspan="2">答案逻辑可视化</td><td>基于设问，结合材料，生成答案，将答案生成过程变成一个个可视化的思维节点</td><td>文化自觉意识——正确意识；传统村落的价值——意识指导人们能动地认识世界；传统村落衰落、消失的现象时有发生、传统村落已被列为保护对象，保护、传承和利用好传统村落——意识指导人们能动地改造世界、树立正确意识克服错误意识</td><td></td><td></td></tr>
<tr><td>生成答案</td><td>意识是人对物质的能动反映，对物质具有能动的反作用，人们在意识的指导下能动地认识世界、改造世界。我们应该增强文化自觉，引导人们正确认识传统村落的历史文化价值，更加自觉地加以保护和传承；克服错误观念，避免破坏性开发，把保护、传承与利用有机统一起来</td><td></td><td></td></tr>
</table>

3．课后作业。

师：任意选择一种思路完成课后作业。

（2021山东卷）“哐当哐当……呜……”绿皮火车缓缓停下，车门被打开，有人扛着一蛇皮袋土豆，有人背着一箩筐花椒，一个个登上火车，车厢里，还有不少特殊的“乘客”——活鸡、活猪等，在“八纵八横”不断加密成型、时速越来越快的高铁时代，我国仍然运行着81对“慢火车”。“慢火车”通常指铁路部门在出行不便的革命老区、少数民族地区、边远山区、贫困地区，开行的平均时速只有四五十千米、每站必停、票价低廉的公益性旅客列车。在大凉山，它是与外界联系的纽带；在秦岭山区，它是上学的“校车”；在东北百里无人的林区，它是最方便的交通工具……它还是沿线地区群众的“致富车”。

在“快”的步伐中，也需要“慢”的脚步。“慢火车”正满载着人民对美好生活的向往穿行于崇山峻岭中。

结合材料，运用矛盾的特殊性原理，说明为什么“快”步伐中也需要“慢”脚步。

参考思路（便于师生对照，特把参考思路附上，见表2-9、2-10）

表2-9　第一种思路3

答题步骤		我的痛点、堵点（知识、能力、技巧、心态、素养等）以及改进措施	他人评价（赞同或者提出不同看法）
第一步：审题破题	知识范围：矛盾的特殊性原理 题目类型：为什么 主体客体：无 中心话题：铁路建设和运营 核心问题：为什么“快”步伐中也需要“慢”脚步		
第二步：研读材料	材料结构：“慢”脚步——“快”步伐（对比式结构） 包含几层意思：在网络不断加密成型、时速越来越快的高铁时代，我国仍然运行着“慢火车”，什么是“慢火车”？“慢火车”的作用、意义是什么 有效信息提炼：在网络不断加密成型、时速越来越快的高铁时代，仍然运行“慢火车”；“慢火车”在出行不便的革命老区、少数民族地区、边远山区、贫困地区运营，开行的平均时速低，票价低廉，具有公益性；“慢火车”是沿线地区人民与外界联系的纽带，是上学的“校车”，是最方便的交通工具，还是沿线地区群众的“致富车”；“慢火车”满载着人民对美好生活的向往		
第三步：有效勾连	高铁时代，在革命老区、少数民族地区、边远山区、贫困地区，仍然运行“慢火车”——不同事物有不同的矛盾，特点不同——矛盾具有特殊性，要具体问题具体分析；“慢火车”的意义、作用——为什么需要“慢”的脚步		

续表

答题步骤		我的痛点、堵点（知识、能力、技巧、心态、素养等）以及改进措施	他人评价（赞同或者提出不同看法）
第四步：列出要点	共性理论：矛盾具有特殊性，要具体问题具体分析。在矛盾普遍性原理的指导下，具体分析矛盾的特殊性，并找出解决矛盾的正确方法 个性论述：铁路建设和运营必须考虑不同地区面临的不同实际情况，高铁适应了经济发达地区的发展要求，而偏远落后地区，受经济和地理等因素的影响，尚不具备发展高铁的条件，运行“慢火车”才能更好地满足人们生产生活的实际需要，促进这些地区的发展，增强人民的获得感和幸福感		
第五步：生成答案	矛盾具有特殊性，要坚持具体问题具体分析，在矛盾普遍性原理的指导下，具体分析矛盾的特殊性，并找出解决矛盾的正确方法。铁路建设和运营必须考虑不同地区面临的不同实际情况，高铁适应了经济发达地区的发展要求，而偏远落后地区，受经济和地理等因素的影响，尚不具备发展高铁的条件，运行“慢火车”才能更好地满足人们生产生活的实际需要，促进这些地区的发展，增强人民的获得感和幸福感		
第六步：整体自查			

表2-10　第二种思路3

思维过程可视化			我的痛点、堵点（知识、能力、技巧、心态、素养等）以及改进措施	他人评价（赞同或者提出不同看法）
题设逻辑可视化	根据设问，用什么分析、说明，分析、说明什么，怎么分析、说明	用什么说明：矛盾特殊性原理 说明什么：为什么“快”步伐中也需要“慢”脚步 怎么说明：“快”步伐是什么？“慢”脚步是什么？为什么“快”步伐中也需要“慢”脚步		

续表

思维过程可视化			我的痛点、堵点（知识、能力、技巧、心态、素养等）以及改进措施	他人评价（赞同或者提出不同看法）
知识逻辑可视化	主要适用微观或中观角度主观性试题，将涉及的知识逻辑化、体系化	矛盾特殊性：含义、表现、方法论（含义、地位、重要性）		
材料逻辑可视化	基于设问，提取材料中的有效信息，将有效信息逻辑化、体系化	在不断加密成型、时速越来越快的高铁时代，仍然运行“慢火车”，什么是“慢火车”？“慢火车”的意义和作用是什么		
答案逻辑可视化	基于设问，结合材料，生成答案，将答案生成过程变成一个个可视化的思维节点	高铁时代，在革命老区、少数民族地区、边远山区、贫困地区运行的“慢火车”——不同事物有不同的矛盾，特点不同——矛盾具有特殊性，要具体问题具体分析；“慢火车”的意义、作用——为什么需要“慢”的脚步		
	生成答案	矛盾具有特殊性，要坚持具体问题具体分析，在矛盾普遍性原理的指导下，具体分析矛盾的特殊性，并找出解决矛盾的正确方法。铁路建设和运营必须考虑不同地区面临的不同实际情况，高铁适应了经济发达地区的发展要求，而偏远落后地区，受经济和地理等因素的影响，尚不具备发展高铁的条件，运行“慢火车”才能更好地满足人们生产生活的实际需要，促进这些地区的发展，增强人民的获得感和幸福感		

附：

导学案

总议题：探究解答政治主观试题的基本思路。

（2021浙江卷）嘉兴南湖红船、井冈山八角楼革命旧址群、宁夏西宁县将台堡红军长征会师纪念园……一件件实物、一处处旧址、一座座纪念馆，记录着中国革命的伟大历程和革命先烈的感人事迹，承载着革命传统和革命精神。我们对革命先辈足迹的每一次探访，都是一次思想的陶冶和洗礼；与革命文物的每一次相遇，都是一次精神的对话和传承。保护好、管理好、运用好革命文物，传承好红色基因，不仅是党和人民的共识，也成为各地政府和广大群众的切实行动。

运用社会意识的相关知识，说明为什么要传承好红色基因。

议题1：从答题步骤的角度，探究解答政治主观试题的基本思路是什么。

第一种思路见表2-11。

表 2-11　第一种思路 4

答题步骤		我的痛点、堵点（知识、能力、技巧、心态、素养等）	我的改进措施
第一步：审题破题	知识范围： 题目类型： 主体客体： 中心话题： 核心问题：		
第二步：研读材料	材料结构： 包含几层意思： 有效信息提炼：		
第三步：有效勾连			
第四步：列出要点	共性理论： 个性论述：		
第五步：生成答案			
第六步：整体自查			

议题2：除了从答题步骤这个角度，你还能提供解答政治主观试题的其他思路吗？

第二种思路见表2–12。

表 2–12　第二种思路 4

<table>
<tr><td colspan="3">思维过程可视化</td><td>我的痛点、堵点（知识、能力、技巧、心态、素养等）</td><td>我的改进措施</td></tr>
<tr><td>题设逻辑可视化</td><td>根据设问，用什么分析、说明，分析、说明什么，怎么分析、说明</td><td>用什么说明：
说明什么：
怎么说明：</td><td></td><td></td></tr>
<tr><td>知识逻辑可视化</td><td>主要适用微观或中观角度主观性试题，将涉及的知识逻辑化、体系化</td><td></td><td></td><td></td></tr>
<tr><td>材料逻辑可视化</td><td>基于设问，提取材料中的有效信息，将有效信息逻辑化、体系化</td><td></td><td></td><td></td></tr>
<tr><td rowspan="2">答案逻辑可视化</td><td>基于设问，结合材料，生成答案，将答案生成过程变成一个个可视化的思维节点</td><td></td><td></td><td></td></tr>
<tr><td>生成答案</td><td></td><td></td><td></td></tr>
</table>

三、课堂评价

本堂课的设计体现了教师对新课标、高考评价体系以及高校选拔人才要求的梳理、认识和理解，致力于贯彻新一轮课程改革的理念和要求，因而，本堂课呈现以下几大亮点。

其一，课堂内容“接地气”，落实落细。通过调查研究，摸排学生问题，将学生存在的“真问题”作为课堂设计的出发点，同时也是课堂设计的落脚点。课堂并非流于形式的“花架子”，而是针对堵点、痛点的“真打实干”。课堂在解决“真问题”。

其二，课堂形式有创新，定位明确。本课堂充分发挥学生的主体作用和教师的主导作用，明确师生各自的角色定位。学生能解决的，教师绝不越俎代庖，使学生成为课堂的真正主人。

其三，课堂设计有“干货”，收获满满。整堂课目标明确，环节清晰，重点突出。先思后教、先学后练，形成应对政治主观试题的基本思路。通过思维过程可视化，帮助学生精准查找堵点和痛点，精准施策、对症下药。学生应有所得、有所悟。

其四，课堂教学有“留白”，思考深邃。教师注重教学“留白”，给予学生充足的时间思考、讨论，自我反省和他人建议、自学和他学有机结合，学生独立思考、生生合作释疑、师生思维碰撞，课堂生态平等、民主、和谐、开放、创新。

同时，本堂课的设计也存在诸多有待改进的地方。教师对新课标、高考评价体系、高校选拔人才要求的研究不够，缺乏系统、纵深的钻研；程式化的思维过程则易使思维陷入僵化，学生只是机械操作，而不会融会贯通、灵活应对；题目类型较为单一，缺乏试题的变式训练。

【时政课课型范式】

教育当为治政、家国复兴育才，故弗雷曼有“教育即政治”之说。正因如此，思想政治教育每与时政结缘。设时政情境，明确议题，令学生两耳可闻窗外事，从而拓宽视野。然时政常多于闻而少于思，流于知而疏于成，更遑论课型。时政课何以开展？教师应重时政进课堂，既知时政，更论时政，辨课型、流程于课外，将引政、议政、评政、践政四环节践履于课内，时时矫正，日就月将，终成时政课之大观。学生于活动中思考时政并完成任务，从而增进智慧，浓厚家国情怀。如此，素养提升之时，自我发展之内生动力得以增强。

一、课型概述

（一）概念诠释

1．时事。

时事，《现代汉语词典》对其定义如下："时事，是指最近一段时间内的国内外大事。"[1]时间侧重于近期、当下；大事是指具有一定代表性的、全局性的事件，主要表现为政党、政府、社会势力等组织在处理国家生活和国际关系方面的方针、政策和活动。

2．时事政治教育。

时政教育，即时事政治教育。"时事政治教育是使学生正确认识和分析现实生活中国内外重要政治事件，提高贯彻、宣传和执行党的路线、方针、政策的自觉性的教育，是德育内容之一。"[2]从内容上看，时政教育包括形势和政策两个方面。一是形势教育，指当前社会现状、特征以及未来发展的总趋势；二是政策教育，指基于社会现状，为了实现特定的目标所采取的手段和方式。二者相互联系，密不可分。

3．高中时政教育课。

"高中思想政治课程具有学科内容的综合性、学校德育工作的引领性和课程实施的实践性等特征，它与初中道德与法治、高校思想政治理论等课程相互衔接，与时事政治教育相互补充，与高中其他学科教学和相关德育工作相互配合，共同承担思想政治教育立德树人的任务。"[3]不难看出，思想政治课是时政教育的主阵地，时政教育是思想政治课的重要组成部分。

综上，高中时政教育课是指高中政治教师在高中思想政治课堂上，针对高中学生的发展需求和社会现实要求，采用多元化的教学手段，介绍当今国家和世界的政治、发展、外交、军事等政策，分析当前国际国内形势的课程，引导学生用马克思主义基本原理去认识、分析和解决问题，旨在坚定学生理想信念，激发学生爱党爱国热情，增强学生社会责任感和使命感。

（二）特征分析

1. 人文性。

教育承担着知识传授和道德教化的双重任务，思政课更是人文教育的主渠道。高中时政教育课追求“以生为本”的人文教学理念，使学生成为教育教学活动的主体，不断提高学生自主探究、合作探究的学习能力。在课程实施中，时政教育课充分利用现代信息技术，拓展教育资源和教育空间；通过议题的引入和讨论，推动教师转变教学方式，使教学在师生互动、开放民主的氛围中进行；通过问题情境的创设和社会实践活动的参与，促进学生转变学习方式，在合作学习和探究学习的过程中，培养学生的创新精神，提高学生的实践能力。

2. 创新性。

时政教育除了让学生了解时政要闻，更重要的是培养学生的创新意识。时政教育课的创新性不仅表现在对教材以外知识的提取、改组和运用，更表现为一种激发学生发现问题、探讨问题的教学取向，引导学生拓展眼界，培养学生发现事物本质的敏锐性。时政教育在行为上，以时事政治新闻为背景，培养学生搜集和整理信息的能力，锻炼学生分析和解决问题的能力；在活动上，以时事政治新闻内容为教学情境，使学生以政治理论思想为依托，不断去发现事物的本质，做出科学的解释、正确的判断和合理的选择，锻炼学生理论与实践相结合的能力；在思想上，以时事政治新闻为学习对象，改变了学生从传统教材上学习思想知识，学生学会从社会真实情景中不断加强自身的思想道德认知。

3. 实践性。

时政教育从社会生活实际出发，将学生生活中可能遇到的各类问题作为课程的主要内容，在生活中进行时政教育，注重与社会实践的联系。学生通过自主参与的、丰富多样的活动，在认识、体验与践行中将自身能力提高到更高的层次。具体表现如下：一是利用课余时间让学生们根据时政热点展开社会实践，如关于垃圾分类的时事热点，可以让学生们走进自己的社区做志愿者，宣传垃圾分类；也可以做访谈问卷，调查社区居民的垃圾分类意识。二是拓展学校的时政教育资源，如利用好学校的宣传栏、广播站的新闻播报、班级的黑板报，让学生参与设计和播报，增强时政教育课的实践性。

4．综合性。

时政教育是以学校教育为主，通过家庭、社区活动等多种途径，形成教育合力，实施课程目标。新课改强调教师需要做社区性的教师，强调教学要家校共育。在此背景下，时政教育便不再只是单一的课堂教学，而是需要融入学生的生活中去，开展渗透式教学。可以采取的措施有：一是召开家校共育的主题班会，选择相关的时事热点共同参与和探讨，促进学生、家长、学校互动。二是信息教学2.0时代，利用信息化的现代教学手段，进行时事热点的分享，如微课堂的互动、钉钉群的互动等。

（三）架构要素

“架构”即结构、构筑之意。课堂架构是指一堂课的骨架构成，是教师对课堂教学实施的各个环节、各种要素进行系统性思考，优化整合所形成的课堂教学结构，对该课堂的具体教学设计具有“顶层”意义。

基于培养学生政治学科核心素养，新课标要求高中思想政治课程开展议题式教学和活动性学科课程。活动性学科课程的实施要使活动设计成为教学设计和承载学科内容的重要形式，而议题式教学是开展活动型课堂的重要手段。

时政教育可与议题式教学相结合，尝试构建高中时政议题式教学的课堂模式。高中时政议题式教学是指以政治学科核心素养为目标，围绕时政热点问题和教学内容精选议题，创设符合学生认知经验的生活情境，进行议题探究，有序开展政治课程的活动。

高中时政议题式教学的课堂架构要素包括：情境、议题、任务和活动。课堂实施的具体流程是：围绕总议题，设置分议题，开展引政、议政、评政、践政四大议学任务，融入小组合作、自主探究、辩论会、个人展示等多种活动形式，四大要素紧密结合，层层推进课堂架构，见图2–3。

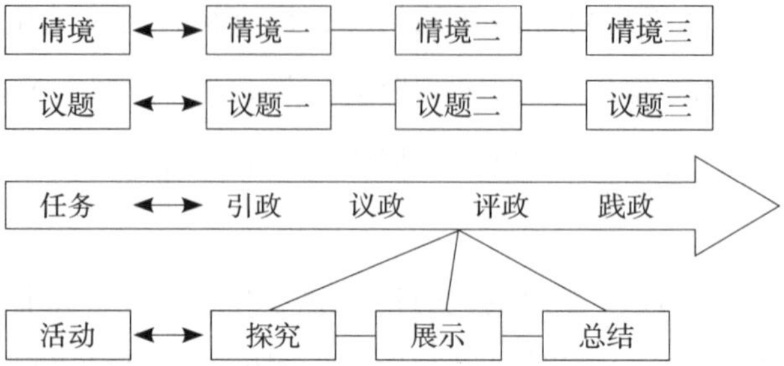

图2-3 高中时政课议题式教学课堂架构

课堂实施的具体操作要求如下：

1. 时政议题的设定。

议题的选取和设置是高中时政议题式教学课堂最关键的要素，对整个时政课堂的实施起到支撑和引领作用。新课标指出，所谓议题，既包含课程的具体内容，又展示价值判断的基本观点；既具有开放性、引领性，又体现教学重点、针对学习难点。由此可见，时政议题既要为解决热点问题而设定，又要将议题材料与教材知识紧密融合，围绕总议题，设置具有可议性、具体性和递进性的子议题，引导学生形成关于热点问题的理论知识体系。

议题的设定要坚持以下4点要求。

（1）坚持素养导向。时政议题的设置要坚持素养导向，凸显价值引领，引导学生确立正确的政治方向，培养学生政治认同、科学精神、法治意识、公共参与的学科核心素养。学科核心素养不需要面面俱到，只需要聚焦到新课标中的某个或几个必备知识和关键能力。比如要讲关于“个人信息安全保护法”的热点问题时，课堂主题要聚焦学生法治思维的培养，可以“法治如何让生活更美好”为议题，结合依法治国的相关课本内容，探究法治与生活的关系，培养学生的法治意识、公共参与能力。

（2）可议性要强。时政议题要根据学生认知水平，设置有讨论空间的思辨性、开放性议题，从而调动学生兴趣、激发学生思维。教师一定要充分了解学情，如可以设计一份问卷对任教班级进行调查，也可以面向全班当场询问学生对某新闻事件的了解程度，还可以随机选择几名学生进行简单访谈。如果准备时间充裕，也可以采取调查问卷和个别访谈相结合的方式，这种综合方式能够比较好地了解学生的认知起点。

（3）具体性要强。时政议题的选取切口要小，要贴近学生生活；题目的指向要明，便于创设问题情境、开展活动探究。

（4）要有逻辑性和递进性。一般而言，议题分为总议题和分议题，总议题体现课堂主题，分议题围绕主议题展开，其问题设置应环环相扣，注重思维的层次性、渐进性和上升性，深化学生对热点问题的理性认识。比如，可从“是什么、为什么、怎么办”三个认识维度设置分议题，也可从历史逻辑、事实逻辑和理论逻辑来设置分议题。

2. 时政材料的选择。

时政教育作为高中思想政治学科教学的重要组成和重要补充，其材料的选择要做到贴近教材。选材要尽量与必修课程4个模块的教学内容有联系性和互补性，以此提升学生学习理解理论知识的能力。时政材料应具备真实性，要有明确的来源，而且来源要有权威性，教师要做到去伪存真，不要选用无法判断其真实性的材料，也不要选择带有强烈情绪性表达的材料，尽量采用央视新闻、《人民日报》等官方权威媒体的报道。时政材料应具备精简性。教师应基于学生对时政热点的认知情况，去粗取精，围绕教学目标、教学内容、议题等要素来选择材料。文字材料不能太烦琐，视频材料不能过长。

3. 时政情境的创设。

情境是开展议题任务和活动的载体。新课标要求，在议题式教学中，要创设丰富多样的教学情境，引导学生面对生活世界的各种现实问题。时政情境的创设要基于时政热点，设置具体的、不同视角的议学情境，引导学生进入问题情境，串起“议题线”和“任务线”。

情境创设的效果影响学生的参与度。好的教学情境应该源于学生的真实生活，能够触动学生的心弦，引发学生参与的兴趣。

4．议学任务的内容。

议学任务是时政议题式教学课堂的核心。议学任务的设置基于时政热点，融合课本知识，创设兼顾学科逻辑与实践逻辑、理论知识与时政热点相结合的议学任务，以此提升学生理解—运用—迁移的学习能力。时政议题式教学课堂的议学任务包括4个环节：引政、议政、评政、践政。4个环节层次递进，紧密联系。

（1）引政，即创设情境，导入热点，目的是明确学习主题，激发学生兴趣。首先选择与热点相关的图片、文字、视频、故事等情境材料，引人入胜；再通过设置问题，导入热点，让学生能尽快进入学习角色。

（2）议政，即开展议题，探究热点，引导学生讨论、辨析、思考，让其获得对热点问题的理性认知。在此环节，要充分发挥教师主导、学生主体的作用，教师设置不同视角的议学情境，并依托情境围绕总议题设置子议题，遵从“是什么—怎么样—为什么—怎么办”的认识逻辑呈现问题，采取多样化的活动方式，引导学生完成议学任务，提升学生思维的广度和深度。

（3）评政，即联系教材，总结热点。该环节是时政议题式教学课堂的落脚点。学生将上一环节的议政成果交流、展示后，教师及时将时政热点内容与所学的教材内容相联系，并且要对学生的观点进行评价、归纳、总结，引导学生用马克思主义的立场、观点看问题，同时升华情感，让学生树立正确的世界观、人生观、价值观。

（4）践政，即情感升华，践行热点。该环节是时政议题式教学课堂的延伸和补充。新课标要求，高中思想政治课堂要将学科内容的教学与社会实践活动相结合。作为活动性学科课堂，社会实践活动的开展有利于学生提升学科核心素养，促进学生将知识内化于心、外化于行。因此教师在课堂小结后，需要布置适当的课后作业作为课堂延伸。课后作业的设计可分为两种类型。

第一，基础类作业：依据高考评价体系“基础性、综合性、应用性、创新性”的要求，以本次时政热点为情境，设置1至2道主观题，培养学生理论联系实际的能力。

第二，实践类作业：以本次时政热点为主题，根据学生实践能力，结合学校、家庭和社会条件，设置多种形式的社会实践活动，如志愿服务、社会调查、专题访谈、参观访问、职业体验等，提升学生公共参与能力。

5．议学活动的开展。

议学活动是实施时政议题式教学课堂的重要要素，是学生参与议题学习的重要途径。在新课改的背景下，思想政治课程的教学要运用多种方式、方法，引导学生自主学习、合作学习和探究学习，让学生参与和体验课堂活动，促进其思想政治学科核心素养的发展。在议学活动中，教师需注意两点。

（1）活动内容设计要坚持议题引领，依托问题情境，承载相关学科知识，促进思维进阶，将课堂内容和活动相结合，实现“课程内容活动化”。在上课之前，教师应当根据学生实际情况和议题内容提前将学生分组，或者明确学生需要进行的学习活动，具体说明本次活动的程序、小组安排、讨论时长等，使学生能够围绕所要解决的问题有目的、有计划、有组织地进行相关学习活动，从而调动学生学习的主动性和能动性，提高课堂效率。

（2）活动形式要多样化。围绕议题，教师可设计多样化的教学活动，如开展演讲、辩论、角色扮演、知识竞答等多样的课堂活动，同时根据不同的活动形式指导学生采取不同的探究方式，如自我展示、小组合作、小组竞赛、独立思考等，生生互动、师生互动，分享、交流、修正大家的观点。在给学生带来深刻的学习体验的同时，引导学生运用正确的思维方法去发现问题、分析问题、解决问题，深化学生对时政热点的认识，提高学生政治素养。

（四）存在问题

1．时政教育课尚无统一规范。

现阶段，虽然学校和思政教师都能充分意识到时政教育课的重要性，但是对于课程的安排和组织、计划和实施，以及教学内容的选择、教学手段的选择、课堂检测的布置、课后作业的布置、课外学习的拓展都是处于“万事开头难”的探索阶段。许多思政教师没有认真地根据学生的学情和身心发展进行内容筛选，那么随之存在的就是教学内容的无秩序性。有些教师在搜集资料时太注重“时效”性，从而出现不严谨、不科学的情况。此外，因为无固定教材和课程标准，有些教师从个人角度解读和评析素材，引发非客观的判断。

2. 时政教育课的教学目标不明确。

时政教育课是高中思政课的重要补充，可以起到弥补思政教材滞后性的作用，也可以助力提高学生思政课的核心学科素养。但是大多数的思政教师长时间受到传统应试教育的影响，以提升学生应试能力为主要教学目的且十分看重考试成绩。这些教师在时政教育课堂教学上，要么是补充教材对应的时政材料，拓宽课本知识的宽度和广度；要么是为了考试过关，让学生“临时抱佛脚”死记硬背时政知识，导致培养学生核心素养的教学目标和教学内容都浮于表面，未起到实质作用。

3. 时政教育课的课堂形式单一。

“教学有法，但无定法。”时政教育是素质教育的重要内容。在“双改”背景下，时政教育的课堂形式应该多种多样，可以在新授课、复习课中穿插时政教育，也可以一周开设专门的1到2课时的时政课堂。学校应体现“以学生为主体”的教育理念，开发出富有趣味性、探讨性、发展性的新型时政课堂，将课堂的主动权交由学生，让他们多互动、多拓展、多讨论。但在实施中，时政教育目前仍然拘泥于传统的讲授法模式——教师讲授为主，学生听课记笔记，学生参与活动较少。

二、课型实例

教学背景分析（表2-13）

表2-13　教学背景4

基本信息					
学科	思想政治	年级	高二	课时	1课时（40分钟）
课程标准模块	普通高中课程标准教科书 思想政治 必修1、必修2、必修3、必修4				
新闻背景	神舟十三号飞船的成功发射				
授课课题	从航天梦看“中国之治”				

课标解读

新课标指出：“高中思想政治课程紧密结合社会实践，讲授马克思主义基本原理，讲授马克思主义中国化成果特别是习近平新时代中国特色社会主义思想，引导学生经历自主思考、合作探究的学习过程，理解中国特色社会主义进入新时代的历史方位，了解新时代中国特色社会主义经济、政治、文化、社会、生态文明建设和党的建设进程，培育政治认同、科学精神、法治意识和公共参与等核心素养，逐步树立共产主义远大理想和中国特色社会主义共同理想，坚定中国特色社会主义道路自信、理论自信、制度自信、文化自信，基本形成正确的世界观、人生观、价值观。”[4]

本课旨在结合航天事业的发展这一时政热点，以神舟十三号飞船的成功发射为主题，通过议题式教学，引导学生探究航天梦的产生、发展、成功的原因，了解中国特色社会主义发展的指导思想和制度优势，坚定“四个自信”，培养学生的政治认同、科学思维、法治意识和公共参与。

教材分析

时政热点“神舟十三号飞船的发射”展示了航天梦的现实成果，我国航天事业的成就与中国特色社会主义的发展、中国梦的实现密不可分。此次时政教育的内容涉及普通高中课程标准教科书思想政治必修1第3课第2框“中国特色社会主义道路、理论、制度、文化”、第4课第2框“实现中华民族伟大复兴的中国梦”、第4框“习近平新时代中国特色社会主义思想”的内容。

本次时政热点中涉及议题“当前国家该不该加大对航天事业的投入”与普通高中课程标准教科书思想政治必修2第2课第2框“更好地发挥政府作用”中政府的宏观调控，必修4第3课“把握世界的规律”中的联系观、发展观、矛盾观有密切联系。

本次课程还展现了宇航员、科研工作者们的载人航天精神，这与普通高中课程标准教科书思想政治必修4第7课第3课时“弘扬中华优秀传统文化与民族精神”的教学内容相贴近。

学情分析

从学生学习兴趣上看，该课程是高中政治学科的校本课程，课程的教学对象为高二学生，他们在生活中已经知道载人航天事业，对航天梦有相当大的兴趣。

从知识上看，高二学生已经或者正在学习4本思想政治必修统编教材，对于中国梦、中国特色社会主义、习近平新时代中国特色社会主义思想、辩证唯物主义、民族精神的相关知识有了解，此时开展此专题的学习，有利于其巩固知识，提高其对知识的理解、运用和迁移能力。

从能力上看，高二学生有一定的政治学科思维能力，知道用学科术语回答问题，但答案的组织缺乏逻辑性；能独立、合作探究问题但效率不高。

从情感态度价值观上看，高二学生正处“人生的拔节孕穗期”，需要教师对其人生价值观精心引导和栽培。

核心素养目标

1. 政治认同和法治意识。

通过展示神舟十三号飞船成功发射的事迹和航天人员的艰苦奋斗的历程，让学生了解航天事业发展的历史，认识到中国特色社会主义是国家富强、民族振兴、人民幸福的根本保障，坚定中国特色社会主义道路自信、理论自信、制度自信和文化自信；通过呈现党的十八届三中全会审议通过的《中共中央关于全面深化改革若干重大问题的决定》，增强学生对党和国家路线方针政策的认同，树立其学法懂法守法用法的法治意识。

2．科学精神。

通过辩论会的形式，探讨太空探索的利与弊，让学生学会运用辩证唯物主义看待航天事业的发展，理解航天事业的发展具有深远的意义和作用。

3．公共参与。

通过展示航天事业的现实作用和未来发展，激发学生树立远大理想，自觉将个人梦融入国家梦之中，脚踏实地，从自身做起，投身于社会主义现代化建设中。

时政材料整合

1．神舟十三号飞船的发射。

2021年10月16日0时23分，我国长征二号F遥十三运载火箭搭载神舟十三号飞船在酒泉卫星发射中心发射并顺利升空，发射任务取得完美成功。这是继2021年9月17日神舟十二号飞船顺利返回地面后，一个月内再次执行载人飞行任务。

2．搭乘神州十三号飞船的航天员。

本次搭乘神舟飞船的航天员分别是翟志刚、王亚平和叶光富。其中翟志刚在2008年执行过神舟七号飞船的飞行任务，并成为第一位出舱活动的中国人；王亚平在2013年执行过神舟十号飞船的飞行任务，并首次进行了“太空授课”，给学生们演示了失重状态下的各种奇妙实验；三人当中，叶光富年龄最小，也是首次执行太空任务的航天员。

2021年11月7日，航天员翟志刚、王亚平身着我国新一代“飞天”舱外航天服，先后从“天和”核心舱节点舱成功出舱，中国首位出舱航天员翟志刚时隔13年后再次执行出舱活动任务；王亚平成为中国首位执行出舱任务的女航天员，迈出了中国女性舱外太空行走的第一步。

3．神舟十三号飞船的执行任务。

第一，开展机械臂辅助舱段转位、手控遥操作等空间站组装建造关键技术试验；

第二，进行2～3次出舱活动，安装大小机械臂、双臂组合转接件及悬挂装置，为后续空间站建设任务做准备；

第三，进一步验证航天员在轨驻留6个月的健康、生活和工作保障技术；

第四，进行航天医学、微重力物理领域的科学技术试验与应用，开展多样化科普教育活动；

第五，全面考核工程各系统执行空间站任务的功能性能以及系统间的匹配性。

4. 航天员的新家：中国空间站。

按计划，2022年前后，建成后的中国空间站将由一个核心舱和两个实验舱组成，整体呈现一个T字形结构。除了这次的“天和”核心舱外，另外两个实验舱分别名为“问天”和“梦天”。

其中，核心舱又可细分为：节点舱、生活控制舱和资源舱。节点舱用于对接神舟载人飞船、空间实验舱的停泊和航天员的出舱；生活控制舱供航天员工作、实验和睡眠休息等使用；资源舱为核心舱提供能源保障和对接天舟货运飞船等。

“问天”和“梦天”两个实验舱分别用于生物、材料、微重力流体和基础物理等方面的科学实验。

在空间站常态化运行后，将有三名航天员作为一个乘组长期驻留，定期轮换。轮换期间，最多可有6名航天员同时在空间站工作。

课堂架构要素

1. 关键要素：时政议题的选定。

2021年是中国共产党成立100周年，也是我国开启全面建设社会主义现代化国家新征程、向第二个百年奋斗进军的起步之年。中国梦，是中华民族近代以来最伟大的梦想，而中国航天梦作为中国梦的重要组成部分，是中华民族走向伟大复兴的见证。

2021年10月16日，神舟十三号飞船发射取得圆满成功。神舟系列载人飞行任务是“航空人”给百年党庆献上的一份厚礼，也向世界宣告中国航天新时代到来了。这是中华民族的骄傲，是14亿中国人民的骄傲，也必将造福世界人民。

基于培养学生政治学科核心素养，深化学生对于必修4个模块相关内容的认识，我们在校本课程上开展了一节时政专题课——从航天梦看“中国之治”。本课以“中国人的航天梦”为主议题，围绕主议题设置3个分议题：

分议题1：“梦之果”——航天事业的产生和发展成果（展现中国之治的成就）；

分议题2：“梦之因”——航天事业发展的原因（探讨中国之治的制度优势）；

分议题3：“梦之用”——航天事业发展的作用（引申出中国之治的指导思想）。

结合“是什么、为什么、怎么办”的理论逻辑和航天事业发展的事实逻辑设置分议题，从过去、现在、未来三个维度探究我国航天事业产生和发展原因，增强学生的文化自信，树立学生的理想信念；通过设置“当前形势下，国家要不要继续加大对航天事业的投入”辩题，让学生理解航天事业发展的作用和深远意义，培养其辩证思维，深化对习近平新时代中国特色社会主义思想和辩证唯物主义的认识和对党和国家政策的政治认同。

需要注意的是：教师需要在课前引导学生选择各自感兴趣的分议题，提前将学生分为ABCD四个小组，确定各自议题，AB两组讨论议题1，CD两组讨论议题2，四个小组又分为正反两方，就议题3分别展开辩论，各小组围绕各自的议学任务收集和整理相关资料，提高课堂教学效率。

2．课堂实施：引政、议政、评政、践政环节。

围绕主议题和分议题，教师创设四个情境，以此为载体，开展议学活动，设置议学任务，具体教学流程和环节如下。

（1）引政环节：播放视频，导入主题。

俗话说，“好的开始是成功的一半”。在课堂导入环节，播放1分钟左右的短视频《太空“洗剪吹”小组上线》，视频内容为：太空“洗剪吹”小组为航天员王亚平理发。设问：三位航天人目前在哪里“洗剪吹”？是什么助力他们“飞上”太空？他们在太空有何任务？

学生分别回答，教师引出时政热点、阐述时政背景——中国国际空间站的建设和神舟十三号载人飞船的发射成功，进而点明课堂主议题：中国人的航天梦。

（2）议政和评政环节：创设情境议题会，呈现3个分议题，设置议政任务，引导学生开展自主思考、分组探究、组间辩论活动，学生交流、展示探究成果（议政），教师对其观点进行评价、总结（评政），将时政热点与教材知识相结合，深化学生对时政的理性认识。

教学过程设计

师：亲爱的同学，大家下午好。我是本次航天梦议题会的主持人。此刻大家齐聚一堂，在这里你可以释放活力，在这里你可以激扬青春；这里有智慧的碰撞，有激烈的角逐；这里永远没有失败，只有谢幕的英雄；在这里每个人都是“议员”，都是梦想的发言人。我相信此次议题会所引发出来的智慧与思考会令人叹服，特别是“议员们”表现出来的个性风采以及整体的青春魅力，将会超越议题会本身。

生：略。（注：对学生的表现没有规定，坚持“以人为本”的学生中心原则，课堂交由学生，模拟议题会开场，由学生自由表现，此行为主要是引起学生的兴趣，调动学生的积极性，活跃课堂的气氛，加强时政课的趣味性和互动性）

师：本场议题会的主议题是中国人的航天梦，探讨为什么中国人能创造神舟一号飞船，如今神舟十四号飞船亦待发射，是什么样的情怀和什么样的力量支撑着中国人的航天梦？主议题又分为3个小议题，从“梦之果”“梦之因”“梦之用”三个维度分别展开探讨。课前咱们已经提前分好ABCD四个小组，现在请同学们就各自的议学任务自由交流，时间5分钟，讨论后选出一名“议员代表”展示交流成果。

议题1:“梦之果”——航天事业的产生和发展成果（中国之治的成就）。

A组代表：中国人的航天梦，早在几千年前就已经开始了。上古神话《女娲补天》反映了中国最早的飞天梦。《淮南子·览冥训》《列子·汤问》有记载：在远古时代，天塌地陷，世界陷入巨大灾难。女娲不忍生灵受灾，于是炼五色石补好天空，折神鳖之足撑四极，平洪水杀猛兽，通阴阳除逆气，万灵始得以安居。女娲是中华民族的母亲，华夏民族人文先始，福佑社稷之正神。她抟土造人，并化生万物，使天地不再沉寂，是古老相传的大母神。

另外，《嫦娥奔月》的神话也是源自古人对月亮的崇拜，嫦娥偷吃了她丈夫羿从西王母那里要来的不死药，就飞进月宫，变成了捣药的蟾蜍。从某种意义上讲，嫦娥就是人类最早的一位“女性宇航员”。

师：感谢这位同学的分享，中国人民的飞天梦想可以追溯到远古时代，那么我们的飞天梦想是如何变成现实的呢?

B组代表：从古代开始，中国人就在积极进行飞天探索。比如明代的官员万户，他为了实现自己的航天梦想，坐在绑了47支火箭的椅子上，手里拿着风筝，飞向天空。但是火箭爆炸了，万户也为此献出了生命。万户的飞行可以说是人类利用火箭做动力升天的最早试验活动。因此，万户被世界公认为“真正的航天始祖”。

在近代，飞行家冯如靠着自己的聪明才智和爱国侨胞的资金支持，自行研制出我国的第一架飞机，把人成功送上天，为我国航空史揭开了第一页。

新中国成立以后，我国航天事业正式起步。1956年2月，著名科学家钱学森向中央提交《建立我国国防航空工业的意见书》。1956年4月，中华人民共和国航空工业委员会成立，统一领导了中国的航空和火箭事业。中国现代航天事业的发展有三个重要的里程碑事件。

①社会主义建设初期:“东方红一号”——中国第一颗人造卫星。

1970年中国第一颗人造卫星“东方红一号”成功升空，成为中国航天发展史上第一个里程碑。

②改革开放时期：载人飞船、“嫦娥”探月。

2003 年10 月15 日，中国神舟五号载人飞船升空，表明中国已掌握载人航天技术，成为中国航天事业发展史上的第二个里程碑。2007年10月24日18时05分，随着嫦娥一号人造卫星成功奔月，嫦娥工程顺利完成了一期工程。此后，神舟九号飞船与天宫一号空间实验室相继发射，并成功对接。

③新时代：中国由航天大国迈进航天强国。

党的十八大以来，航天事业得到突破性发展。2021年，这一年可以说是我国航天事业的丰收年：祝融号火星车成功登陆火星，空间站成功建立，神舟十三号载人飞船发射成功。

这次的神舟十三号载人飞船实现多个首次，即首次与三舱组合体自主快速径向交会对接；首次在轨停靠6个月，实现4个载人航天器形成组合体长期在轨飞行；首次具备天地结合多重保证的应急救援能力。而且我们有了自己的空间站，就像我们在星空中有了自己的“广寒宫”。

师：谢谢AB组代表的精彩讲解（播放PPT，展示神舟十三号飞船的飞行任务和中国空间站的图片和文字资料）。

教师评政（总结、拓展）：中国之治的成就——航天梦的实现。

师：通过对议题1的探究与分享，我们知道了中华民族是具有伟大梦想精神的民族。从远古女娲补天、嫦娥奔月等神话传说，到明代万户进行人类最早的固体火箭升空试验，从长征系列到神舟系列，从嫦娥系列到天宫系列，中国人逐步把飞天梦想变为现实。 如今，我国是世界上第五个独立研制和发射卫星、第三个把人类送上太空的国家，也是一个已经全面迈入“空间站时代”的国家。新中国成立以来，我国的载人航天事业伴随着中国特色社会主义的建设和发展，从无到有，从弱到强，以令人惊叹的速度，一路追赶、并跑、超越，创造了又一个中国奇迹。中国奇迹何以不断上演，中国之治何以如此成功？航天事业的辉煌成就得益于哪些因素？下面有请C组代表上台交流。

议题2：“梦之因”——航天事业发展的原因（中国之治的制度优势）。

学生议政。

C组代表：大家好！我们组讨论的是影响我国航天事业发展的重要因素。经过大家课前的准备和课堂的讨论，我们最终得出结论：助力我国航天事业的原因有党的战略决策和国家的财政支持。

①航天事业的创建、发展离不开党的战略决策。新中国成立之初，国家一穷二白，我们党以长远眼光和非凡胆略，毅然决定研制“两弹一星”。

党的十一届三中全会后，我们党就明确把发展载人航天事业纳入“863”高技术研究发展计划。

1992年，我们党进一步做出实施载人航天工程的重大战略决策，并科学确定了“三步走”的发展目标。

2010年，我们党又适时做出空间站建设的重大决策，提出在2020年前后建成具有中国特色、能够充分发挥效益的空间站。

新时代，我们党更是满怀信心地把“建设航天强国”写入党的十九大报告。

②航天事业的发展离不开国家财政的投入。不论是困难时期，还是现在，国家对航天事业一直大力支持。尤其是随着国家经济实力的提升，中国已经拥有了庞大的资源可以支撑更大规模的航天工作。神舟五号耗资9亿元，神舟六号耗资10亿元。2020年，中国在航天领域的投入为132.8亿美元，占全球航天支出总量的15%。政府的财政投入为航天事业的进步提供了物质保障。

D组代表：谢谢C组代表的分享。关于航天事业发展的助力因素，我们小组还有所补充。我们认为，航天事业的发展也离不开航天人的艰苦奋斗。我想跟大家分享几个航天人的故事。首先是“中国航天之父”钱学森，20世纪50年代钱学森回国时，国家正为到底是先搞飞机还是先搞导弹而举棋不定，钱学森经过认真考察后表示，以当前的经济和国防基础，应该先进行导弹的研制。而这也就有了后来钱学森面对陈赓大将的问话时那句经典的回答：“中国人怎么不行啊？外国人能搞的，难道中国人不能搞？中国人比他们矮一截？”从那时起，钱老将自己的一生都投入中国的载人航天事业中。他提出了中国航天从创建之初一直沿用至今的系统工程管理方法，即一个总体部、两条指挥线的模式。可以说中国航天事业走到今天，钱学森起到了建言献策的支撑作用。

其次还有咱们非常能吃苦、特别能战斗的科研人员。2000年12月，神舟二号飞船发射的前10天，火箭意外被撞。年过六旬的总指挥黄春平、总设计师刘竹生亲自爬上11层平台，一层一层仔细查看，20多个小时没有合眼，但经过严密诊断后，凭着过硬的本领，他们斩钉截铁地做出了抉择：“按计划1月10日组织发射！”4天之后，一份长达50余页的报告《碰撞后火箭受损结果分析及处理措施》有理有据地给出了“可以正常发射”的结论。于是，火箭又重新耸立在发射塔架旁，并于2001年1月10日被如期、成功地送上太空。

最后我想讲一下宇航员的故事：从人类探索太空的历史来看，宇航员从接受这份使命那一刻开始，就始终与巨大风险、考验为伴。据统计，目前世界上共有540多名航天员，其中27人在执行任务或训练时罹难。2003年2月1日，正值中国航天员大队选拔首飞梯队的关键时刻，美国“哥伦比亚号”航天飞机在重返地面过程中突然解体，7名宇航员全部罹难。当时，大家都为中国航天员的心理承受能力感到担心，但令人意想不到的是，第二天，航天员大队党支部收到了全部参训的14名备选宇航员递交的请战书，他们表达了一个共同心声“再大的风险也动摇不了我们征服太空的决心”，一致要求争当首飞第一人。最后，杨利伟脱颖而出，于2003年10月15日英勇出征，在神舟五号飞船上他经历了“惊魂26秒”的生死考验。2008年9月，景海鹏与战友在太空执行神舟七号飞行任务时，曾经连续出现过两个意外情况。2016年11月11日凌晨零时10分，景海鹏在执行天宫二号与神舟十一号任务时，险情再次发生。但每一次，他们都能坦然面对、沉着处置。在“感动中国”颁奖晚会上，主持人直率地问景海鹏：“你们在执行载人航天飞行任务时，有没有想过有可能回不来？”景海鹏回答：“对于我们航天员来说，使命重于生命。即使我们回不来，也要让五星红旗在太空高高飘扬！”

教师评政（总结、拓展）：中国之治背后的制度优势。

师（观点总结）：正方同学从经济、政治、文化三个方面分析了咱们的航天事业能取得如此辉煌的成就的原因。一是依靠党和国家的坚强领导，这是政治保证；二是需要政府财政投入，这是物质基础；三是一代代航天人接续奋斗，继承传统，发扬特别能吃苦、特别能战斗、特别能攻关、特别能奉献的载人航天精神的结果，这是文化力量。其实，新中国成立以来，航天事业取得的系列成就也彰显中国之治，中国为什么能？“中国之治”何以如此成功？其背后的制度密码是必须破解的关键。

师（知识拓展）：新中国成立以来，我们党在长期探索基础上坚持把马克思主义基本原理同中国具体实际相结合，把成功的实践经验转化为制度成果，使得我国的国家制度和国家治理体系具有多方面的显著优势。具体优势为坚持党的集中统一领导；坚持人民当家作主；坚持全面依法治国；坚持全国一盘棋，集中力量办大事；坚持各民族一律平等；坚持公有制为主体、多种所有制经济共同发展和按劳分配为主体、多种分配方式并存；坚持共同的理想信念、价值理念、道德观念；坚持以人民为中心的发展思想；坚持改革创新、与时俱进；坚持德才兼备、选贤任能；坚持党指挥枪；坚持“一国两制”；坚持独立自主和对外开放相统一。

这13个方面的显著优势，为航天事业不断突破自我、取得成就提供了制度保障。

中国共产党的领导，是中国特色社会主义最本质的特征和中国特色社会主义制度的最大优势，是实现中华民族伟大复兴的根本保证。历届党和国家领导人高度重视航天事业，对于其发展一直给予支持。党的十八大以来，习近平总书记强调航天梦是强国梦的重要组成部分，并多次亲临航天科研生产一线亲切会见科研人员，批准将每年4月24日设立为“中国航天日”，为中国航天事业注入了巨大信心和无穷力量。可见，始终坚持党的领导、科学决策，是我国航天事业发展壮大的根本政治保证。

集中力量办大事，是中国特色社会主义制度的显著特征，是我们成就伟大事业的重要法宝。据统计，探月工程直接和间接参与单位近2000家，科研人员多达数万人；在宇航产品的生产过程中，隶属于航天科技集团的生产单位只有100多家，全国协作配套单位达到7000多家，其中民营企业超过一半。从“两弹一星”到载人航天，从探月工程到火星探测，举国体制、大力协同始终贯穿于航天事业发展全过程。无独有偶，无论是打赢脱贫攻坚战这样多年的奋斗，还是建造火神山、雷神山医院这样短短十多天的“突击战斗”，抑或是建设港珠澳大桥、北京大兴国际机场这样的复杂工程，都展现出社会主义制度协调眼前利益和长远利益，局部利益和整体利益，坚持全国一盘棋，集中力量办大事的显著优势。

坚持共同的理想信念、价值理念、道德观念，这是全体人民团结奋斗的共同思想基础。中国航天人在60多年的航天实践中孕育形成了“两弹一星”精神、载人航天精神、探月精神、新时代北斗精神，发展和丰富了我国精神宝库。航天精神是以爱国主义为核心的民族精神和以改革创新为核心的时代精神的生动体现，是社会主义核心价值观在航天领域的具体呈现，集中体现了新时代中国特色社会主义文化自信，这些航天精神，支撑着千千万万的航天人投身航天强国的梦想征程中，是航天事业发展壮大的力量源泉。[5]

师：（过渡）同学们，党的十八大以来，以习近平同志为核心的党中央一直心系航天事业的发展，国家一直持续加大对航天事业的财政投入，如刚才C组同学提到了，去年中国在航天领域的投入为132.8亿美元。这个数字在网上也引发一些人的讨论，有人认为，当前国家应该把更多的资源投入促进经济发展，关注医疗、教育行业等民生事业上面去，你们如何看待这一观点？下面咱们就开展一次辩论会，探讨该不该继续发展航天事业？

议题3：“梦之用”——航天事业发展的作用（辩论会：当前形势下，国家要不要继续加大对航天事业的投入）（中国之治的指导思想）。

针对议题3，教师避开直接讨论，而是有针对性地设置了辩题——当前形势下，国家要不要继续加大对航天事业的投入？意图通过辩论会的形式，让同学们表达自己的观点，学会一分为二地看待航天事业的发展；同时通过教师引导，知道航天事业的深远意义，认同国家政策。

幻灯片展示辩题：当前形势下，国家要不要继续加大对航天事业的投入？正方观点为当前形势下，国家要继续加大对航天事业的投入。反方观点为当前形势下，国家不要继续加大对航天事业的投入。

学生选择阵营，AB组为正方，CD组为反方，正反双方分别选出4位辩手，准备时间5分钟。

师：好，现在来到了辩论赛，请正反双方做好准备，本场比赛共分为开篇陈词、攻辩、攻辩小结、自由辩论、观众提问，以及总结陈词环节。希望各位同学遵守比赛规则。期待你们的精彩辩论。

正方：……（正方四人，一辩开篇陈词，二辩三辩攻辩，四辩总结陈词）

反方：……（反方四人，一辩开篇陈词，二辩三辩攻辩，四辩总结陈词）

（主持人注意控制时间和节奏，具体的陈词不做约束，由学生围绕议题开展辩论，主持人注意如若学生的辩论逐渐偏题，需要适时引导拉回辩题）

正方议政：国家需要继续加大对航天事业的投入。因为航天事业的发展对我国经济、政治、文化、社会民生等领域具有深远意义。

①经济意义：科技是第一生产力，中国航天作为我国高科技战略性产业，其发展有利于提高自主创新能力，从而推动生产力的发展，带动高新技术产业发展，促进产业结构的优化升级，转变经济发展方式，带动国民经济的增长。如从神舟一号到神舟六号的航天技术的研究，带动了诸如电子、计算机、化工、冶金、材料、机械、特种工艺、低温与真空技术、气象等领域技术的发展，这些技术的发展有利于相关产业的转型升级。

文化与经济相互影响、相互交融。航天科技可以和文化相结合，发展航天文化产业，促进经济发展，如航天科普教育、文创产业、航天文旅等领域特色化、产业化、规模化发展，激发大众探索创新热情，促进全民科学素养提高，助推国家科技创新驱动发展。

②政治意义：当前国际竞争的实质是以经济和科技为核心的综合国力的竞争。我国要在未来国际竞争中处于有利地位，就必须大力发展经济和科技。我国航天事业取得新成就极大地增强了我国的综合国力，从而进一步提高我国在国际社会的地位。

国家力量是影响国际关系的重要因素。我国航天事业取得新成就增强了我国的国家力量，使我们在处理国际关系时更好地维护我国的国家利益。

和平和发展是当今国际社会两大主题。我国奉行独立自主的和平外交政策。我国航天事业取得新成就以及在开发外层空间方面迈出的实质性一步，增强了爱好和平国家的力量，有利于维护世界的和平和发展。

③文化意义：文化作为一种社会精神力量，在人们认识世界和改造世界中会转化为物质力量，并对社会发展产生深刻的影响。我国航天事业的发展和成就有利于弘扬和丰富以爱国主义为核心的民族精神，坚定文化自信，激发民众的科学热情和创新精神。

④社会民生意义：中国航天的经济效益和社会效益明显，与民众生活密切相关。比如大力发展卫星应用，使航天活动直接服务于社会。我们的风云二号气象卫星，自1998年投入运行以来，对西北太平洋及南海生成的近300个台风、登陆我国大陆的近百个台风监测无一漏网，使人民群众的生命财产损失有了明显的减少，投入产出效益非常显著。此外，航天技术在通信广播、导航定位、远程医疗、远程教育等方面也有许多的应用。

反方议政：当前，国家不能继续加大对航天事业的投入。理由如下。

①从财政的作用看：财政是国家治理的基础和重要支柱，是促进社会公平、改善人民生活的物质保障，具有促进资源合理配置和促进国民经济平稳运行的作用。航天事业需要强大的经济实力作为支撑，宇航员翟志刚身上穿的那件宇航服就价值千万元，还有造一个宇宙飞船并用火箭护送上太空的费用至少好几亿元。当前，我国虽然是世界第二大经济体，但是面临中美贸易战和新冠肺炎疫情的双重压力，国家肩负保持经济平稳运行，保障人民生命

健康安全的重大任务，从财政上面看，一方面要减税降费，激发中小企业的活力；另一方面需要加大财政支出，保障社会公共服务和民生事业的发展。在此压力下，更需要政府把钱花在“刀刃上”，用在急需解决的问题上。

②从太空环境看：现在各国都在发展航天事业，产生了大量太空垃圾，破坏了太空环境。太空垃圾指在宇宙空间中的各种人造废弃物体及其衍生物。这些物体小到固态火箭的燃烧残渣，大到发射后被遗弃的多节火箭。它们的存在产生撞击其他航天器的风险，某些太空垃圾在返回大气层时也会对地面安全造成威胁。由于太空垃圾以轨道速度运行，动能巨大，尚在运作的航天器若与它们相撞可能会遭到严重损坏，它们甚至威胁到宇航员在舱外活动时的生命安全。

师（总结）：谢谢正反两方的精彩发言。对于这次的辩论内容，相信我们的辩手和现场的每一位观众都有所启发。今天围绕着各自的辩题，双方辩手都展示出了他们出众的辩才和敏捷的思维，所以，不论结果如何，我们都为他们精彩的表现送上最热烈的掌声。

教师评政（总结、拓展）：中国之治的指导思想——坚持马克思主义和习近平新时代中国特色社会主义思想。

辩证唯物主义和历史唯物主义是马克思主义世界观和方法论，是指导共产党人不断前进的强大思想武器。习近平新时代中国特色社会主义思想作为马克思主义中国化的最新成果，是坚持和运用辩证唯物主义和历史唯物主义的光辉典范。

辩证唯物主义认为，事物是普遍联系和永恒发展的，要求我们善于把握事物发展总体趋势和方向，立足全局，更好地推动各方面工作。任何事物都有两个方面，事物的性质主要是由主要矛盾的主要方面决定的，在认识事物时既要抓主流，同时不能忽视支流，坚持两点论和重点论的统一。

这次的辩题引发了我们对航天事业的辩证思考。航天事业这一复杂事物，在发展的过程中有成就也有问题。太空探索对于人类来说有利有弊。

结合国际国内形势，立足我国“五位一体”的战略布局，航天事业的发展具有深远意义，科技创新可以推动政治、经济、文化、社会各个领域的长足进步（具体表现请见正方同学的论点论据），虽然探索过程中出现了一些问题，但是瑕不掩瑜，当前航天事业的发展是利大于弊的。因此中国特色社会主义进入新时代以来，国家一直持续加大对航天事业的投入，推动航天事业的跨越式发展。而反方同学提出的资源配置的问题和环境保护的问题，国家也没有忽视。党的十八届三中全会通过了《中共中央关于全面深化改革若干重大问题的决定》，该决定提到引导优势民营企业进入军品科研生产和维修领域，推动军民融合深度发展。此决定利于吸引民间资本投入航天领域，不断注入生机与活力，将助推航天事业进一步发展。关于太空垃圾，我国也持续关注和研究，不断采取相关措施，如建立“太空垃圾”观测中心，为中国在空间航天领域建起安全预警系统。还有发射遨龙一号空间碎片主动清理飞行器，减少垃圾危害。

在新时代新征程上，以习近平同志为核心的党中央做出加大对航天事业的投入的决定，是从长远、全局出发做出的科学决策，这一决策展现了习近平新时代中国特色社会主义思想高瞻远瞩、统揽全局的战略思维和承认矛盾、分析矛盾、解决矛盾，善于抓住关键、找准重点的辩证思维。战略思维和辩证思维是习近平新时代中国特色社会主义思想的鲜明特质，也是这一思想对马克思主义的继承、运用、发展的生动体现。[6]

践政环节：情感升华，践行热点。

环节一：逐梦征程——“我的圆梦计划表”。

展示“两个一百年”奋斗目标、中国航天“建设航天强国”的新征程，进而邀请学生列出个人梦想计划表，升华主题，将航天梦、中国梦与学生个人梦想相结合，引导学生确立人生目标，树立崇高理想，脚踏实地，时刻准备承担实现中华民族伟大复兴的历史使命。

师：同学们，我们个人的梦想与中国梦密不可分，今天的中国正站在实现“两个一百年”奋斗目标的历史交汇点上。

PPT展示“两个一百年”奋斗目标。

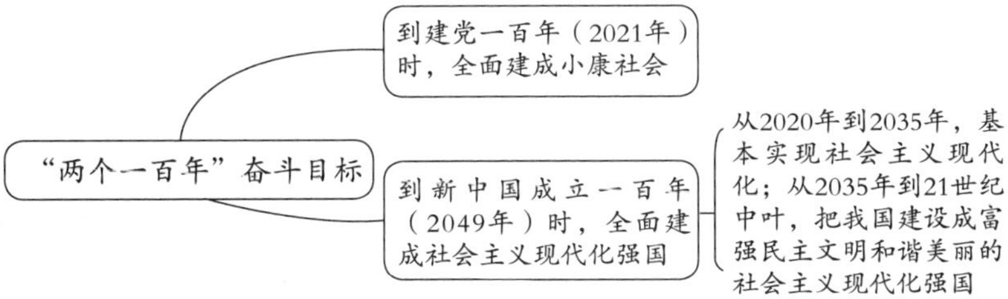

站在迈向中华民族伟大复兴的新起点上，中国航天已经踏上“加快建设航天强国”的新征程。

PPT展示“加快建设航天强国”的新征程。

用五到七年时间完成载人航天、探月工程、北斗导航、高分辨率对地观测系统等现有的重大科技专项任务；

2025年前后，全面建成国家民用空间基础设施，推动空间信息应用规模化、业务化、产业化发展；

2030年，实现整体跃升，跻身航天强国之列。

师（过渡）：作为青少年的我们，在实现个人梦想的征途中也在为中国梦添砖加瓦。习近平总书记曾说，为实现中华民族伟大复兴的中国梦而奋斗，是中国青年运动的时代主题。让每个青少年都为实现中国梦增添强大青春能量。梦想，不应止于心动，更应始于行动。同学们，也请为你的梦想制订切实可行的计划表吧，见表2–14。

表2–14　“我的圆梦计划表”

我的梦想	时间	目标	行动
	2025年		
	2030年		
	2035年		

师（总结）：愿同学们锐意进取、矢志奋斗，用青春和热血托举起中华民族伟大复兴的中国梦。

环节2：课后作业——践行热点。

基础类作业

阅读材料，回答问题。

航天梦，连着中国梦。时间，刻印下奋斗者的足迹。党的领导是航天事业高质量发展的根本保证。党中央高瞻远瞩、英明决策、亲切关怀、科学领导，指引航天事业取得辉煌成就。历史充分证明中国航天之所以能够完成各种艰巨任务，关键在于始终坚持做好党建引领，坚持任务到哪里，党的组织就建到哪里，人在哪里，党的工作就做到哪里，一代代航天人始终听党话，跟党走。始终坚持举国体制，是航天事业发展壮大的重要优势。社会主义制度能够集中力量办大事、全国一盘棋、上下一条心。始终弘扬航天精神，是航天事业发展壮大的力量源泉。航天精神是中国共产党人精神谱系的重要组成部分，是社会主义核心价值观在航天领域的具体体现，集中体现了中国特色社会主义文化自信。航天梦，连着中国梦。神舟十三号载人飞船发射成功，既标志着我国载人航天事业取得新的成就，也表明中华民族离航天梦又近了一步，中国梦因之更有底气。航天英雄聂海胜曾说过："中国载人航天的发展凝聚了中华民族的千年飞天梦想，为党的百年奋斗历程增添了华丽篇章。我们前进的每一步，也都承载着党、国家和人民的厚重期望；我们每向前一步，也代表着人类向太空不断探索的勇敢与执着，都将为人类和平利用太空贡献中国人的智慧和力量。"

结合材料，回答下列问题。

（1）有人认为：改革开放以来我国取得一切成绩和进步的根本原因就是坚持中国共产党的领导，只要坚持党的领导，航天梦就会变为现实。结合材料，运用《中国特色社会主义》的知识对此观点加以评析。

（2）结合聂海胜的发言和现实生活阐述你对中国梦的认识，并谈谈在新时代为助推中国梦的实现，青年学生应如何作为。

【答案】

（1）①办好中国的事情，关键在党。历史已经并将继续证明，没有中国共产党的领导，民族复兴必然是空想。（或者答中国共产党领导是中国特色社会主义最本质的特征，是中国特色社会主义制度的最大优势）改革开放以来我国取得一切成绩和进步以及航天梦的实现关键在于坚持党的领导，因此题中观点有一定合理性。

②但是改革开放以来，我国取得巨大成绩与进步的根本原因是：中国共产党带领全国人民开辟了中国特色社会主义道路，形成了中国特色社会主义理论体系，确立了中国特色社会主义制度，发展了中国特色社会主义文化。航天梦的实现除了坚持党的领导还需坚持举国体制，发挥社会主义制度集中力量办大事的优势，全国一盘棋，发扬航天精神，坚持文化自信等。因此题中观点具有片面性。

（2）实现中华民族伟大复兴的中国梦，就是要实现国家富强、民族振兴、人民幸福。中国梦归根到底是人民的梦，中国梦是国家的梦，民族的梦，也是每一个中华儿女的梦，也同世界人民的梦想息息相关，是奉献世界的梦。

①青年学生要坚定理想信念，志存高远，把人生理想融入国家和民族伟大梦想之中。

②脚踏实地，砥砺奋斗，勇做时代的弄潮儿。

③努力学习文化知识，练就过人本领，在实现中国梦的生动实践中放飞青春梦想，在为人民利益的不懈奋斗中书写人生华章。

实践类作业

（1）制作《航天梦，中国梦，我的梦》手抄报。

（2）制作PPT《中国之治》进行分享。

板书设计

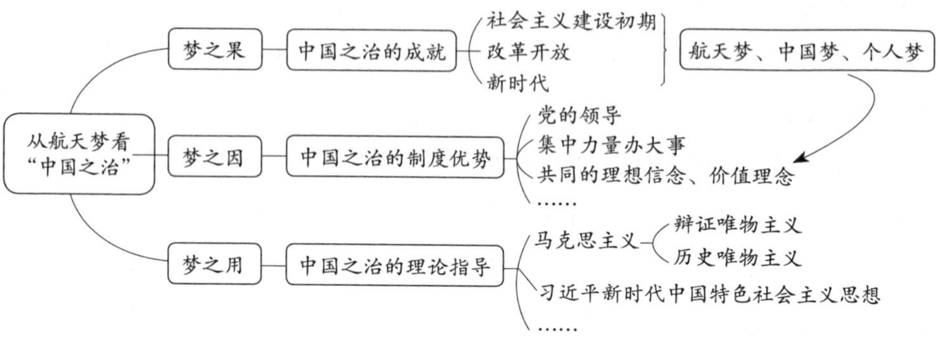

三、课堂评价

新课标要求高中思想政治课堂要围绕议题，设计活动，强化辨析，力求构建学科逻辑与实践逻辑、理论知识与生活关切相结合的活动性学科课程。一堂有效益的思想政治课，必须让有社会温度的学习情境走进课堂，围绕真实鲜活的情境，设计有思辨性和价值引领的议题，调动和保障学生在课堂上的“话语权”，培养学生核心素养。

本课例以神舟十三号飞船的成功发射为背景，围绕“从航天梦看‘中国之治’”这一议题，创设问题情境，设置引政、议政、评政、践政、议学任务，开展多样的探究活动，让学生在活动中探讨我国航天事业的发展成就、原因和作用，总结中国之治的成就、制度优势和指导思想，在鲜活的情境中感受国家和社会发展取得的科技成就，提高学生对国家治理能力和治理体系的认识和理解；同时以航天梦的发展折射出中国梦的伟大征程，增强学生的爱国情感，培养学生的政治认同和公共参与素养。

议题的设置是议题式教学的关键。本课依据学生的认知规律和学习经验，基于理论和事实逻辑设置了“梦之果”“梦之因”“梦之用”，探究我国航天事业产生、成就和发展原因，深化学生对中国之治的理性认识。尤其是在第三个议题上，教师以辩论会的形式探讨了我国发展航天事业的作用，提供辩题——“当前形势下，国家要不要继续加大对航天事业的投入？”让学生在探究中感悟思想碰撞的魅力，在争论中学会换位思考，利于培养其辩证思维和科学素养。

时政教育课堂是高中思想政治教学的重要载体。在议政和评政两个环节，教师引导学生将载人航天事业这一时政热点与课本知识相结合，从中国特色社会主义、经济、政治、哲学、文化等不同角度分析热点，让学生在真实的课堂情境中，提升对知识的理解、运用和迁移能力。在践政这一环节上，设置与时政热点相关的试题，让时政教育“接地气”，符合高考考查要求。

活动性学科课程要求转变教学观念，根据高中学生思维的独特性、批判性、多样性和可塑造性，变“教师为中心”为“学生为中心”，变教师讲授为学生合作探究、交流展示。本堂课采用小组探究、小组竞赛等活动形式，生生互动，师生互动，激发学生兴趣，培养学生能力。课前提前分组和分配议学任务，学生充分利用网络等载体，参与资料的收集与整理，在收集与整理资料的过程中激发学生关注时政的意识。课中探究议题时，通过小组合作交流，并展示学习成果，在完成教师设计的议学任务中学会合作。在辩论会的活动中，既利于学生调用所学知识，围绕议题进行分析思考，又有利于培养学生积极参与的意识和勇于发言、敢于发言、善于发言的能力。最后一个“圆梦计划表”的环节，进一步增强了趣味性和师生互动，教师引导学生展示个人梦想，激励其勇于实现梦想，将个人理想融入中华民族的伟大复兴当中，将航天梦、中国梦、个人梦相呼应，体现了思想政治课德育的功能。

建议：在学生小组活动时，缺乏活动的展示与评价环节。活动课的活动设计测评要有可操作性，要在活动中测评学生知识建构、能力培养、核心素养落实的情况。本课例小组活动任务明确，但缺乏可操作的评价体系来追踪学生个性发展。教师可根据核心素养落实情况，制定评价量表（表2-15），对学生的能力发展进行实时动态评价。

表2-15 评价量表

维度	等级（A/B/C/D）
明确任务目标	
积极参与课前资料收集、整理	
主动与小组同学交流、合作	
观点表达流畅、能提供论据、能正确运用教材理论阐释观点	

参考文献

［1］中国社会科学院语言研究所词典编辑室. 现代汉语词典（第7版）［M］. 北京：商务印书馆，2016.

［2］中国中学教学百科全书总编辑委员会政治卷编辑委员会. 中国中学教学百科全书·政治卷［M］. 沈阳：沈阳出版社，1990.

［3］中华人民共和国教育部. 普通高中思想政治课程标准（2017年版2020年修订）［M］. 北京：人民教育出版社，2020.

［4］中华人民共和国教育部. 普通高中思想政治课程标准（2017年版2020年修订）［M］. 北京：人民教育出版社，2020.

［5］中国国家航天局. 党领导新中国航天事业发的历史经验与启示［J］. 军工文化，2021（07）：30-36.

［6］中国中央宣传部. 习近平新时代中国特色社会主义思想学习问答［M］. 北京：学习出版社，人民出版社，2021.

【实践课课型范式】

课堂、实践，素为思想政治教育之两翼，不可或缺。纸上所得，终究浅薄；而躬行所思，自然深刻。深刻者，方可化为素养。秀才固守书巢而知天下，若不行天下，不为天下事，则唯长于纸上谈兵，终因才力不济而为腐儒。而实践之课，可突破书斋、校园之樊篱，因重践履而浓实践意识，且验证所知，因时时研学旅行等而多有知识延伸、转化，甚而因有新知而补课本之漏。如此，实践自反哺于学生，宁非快事欤？然实践之课素无教材可依，更无常规可循，师者当致力于实践活动流程之设计，乃至本土化实践教材之开发。

一、课型概述

（一）概念诠释

1．实践。

实践是人的存在方式，是人类认识世界和改造世界的根本。马克思主义哲学认为，实践是人们改造客观世界的物质性活动，具有客观物质性、能动性和社会历史性。人类基本的实践活动有三种：一是改造自然的生产实践，即人们的物质生产活动，这是人类最基本的实践活动；二是变革社会的实践，如革命和改革、国家方针政策的制定、法律制度的建设和实施等；三是探索世界规律的科学实验活动。

2．思想政治实践课。

习近平总书记指出，领导干部要做到干中学、学中干，学以致用、用以促学、学用相长，为新课标、新教材（以下称双新）背景下的高中思想政治课（以下称思政课）教学提出了要求。新课标指出，高中思想政治课程是落实立德树人根本任务的关键课程，以培育社会主义核心价值观为目的，是帮助学生确立正确的政治方向、提高思想政治学科核心素养、增强社会理解和参与能力的综合性、活动型学科课程。建构主义认为，学习是学习者主动建构知识的过程，是学习者与周围环境相互作用、同化与顺应，自行建构知识，从而使自身认识结构得以发展与运用的过程，并在这一过程中强化“价值性和知识性相统一”“理论性和实践性相统一”，即内化于心、外化于行，实现知识的运用“增值”。结合2017年教育部发布的《中小学综合实践活动课程指导纲要》，笔者认为，思想政治实践课是指有计划、有组织地面向学生，以贴近学生现实的生活实践、社会实践、科学实践的主题为基本内容，以考察探究和直接体验为主要习得方式，以促进学生情感、行为、认知的统一协调发展和落实思政课核心素养为主要目标，以过程为主、终端结果为辅为评价方式的课型。它包括研究性学习（以下称研学）实践、社区服务与社会实践、劳动与技术教育实践等领域。思想政治实践课是高中思政课的重要构成部分。

（二）特征分析

思想政治实践课具有以下五大特征。

1. 教育性。

以学生的全面发展为本，以党和国家的教育政策为纲，具有使立德树人根本任务落地及达成本学科核心素养和教学目标的多层价值。无论是研学实践教育、社区服务实践还是劳动教育都是把教育的场所由封闭的课堂引向开放的环境，让受教育者能够观察、认识并体验身边真实发生的一切，这种教育方式是灵活的，也是符合学生身心特点的。

2. 实践性。

新课标指出，高中思想政治课程具有学科内容的综合性、学校德育工作的引领性和课程实施的实践性等特征。基于必修课程强调实践体验的要求，采取内容与活动相互嵌入的组合方式。强调社会实践活动并不意味着减少学科内容的学习时间，而是要求采取社会实践活动的方式学习学科内容。实践课切忌沿用校内课堂教学的说教和单调讲解的方式，强调教学内容要基于学生的生活经验，密切联系学生的生活实际。学生通过实践增强探究和创新意识，学习科学研究的方法，发展综合运用知识的能力。此外，实践课还可增进学校与社会的密切联系，培养学生的社会责任感；打开学生的五感，充分调动学生的“视听触味嗅”，让学生在直接的体验和探索中达成学习目标。

3. 综合性。

高中思想政治课，以统编版为例，包括10本教材。其中必修课程教材有4本，包括4个模块，模块1“中国特色社会主义”、模块2“经济与社会”、模块3“政治与法治”、模块4“哲学与文化”；选择性必修课程教材有3本，包括“当代国际政治与经济”“法律与生活”“逻辑与思维”3个模块；选修课程教材有3本，包括“财经与生活”“法官与律师”“历史上的哲学家”3个模块。这些模块之间相对独立，传统的按框讲授容易割裂知识，导致学生获得的知识碎片化。通过实践课的学习，将学生从校内引到社会和大自然，去探索、去发现，使研学实践教育、劳动教育与不同模块知识融合，打破教材藩篱，锻炼学生系统思维、帮助其形成知识体系，并在此过程中提升能力和素养。从功能上看，实践课是学习新知识和复习旧知识的有力载体，是新授课和复习课的重要手段。实践是认识的来源，通过实践课，可以实现对新授课中知识点的学习；实践是检验认识真理性的唯一标准，通过实践课，可以完成对已学知识的检验从而纠正错误认知或者巩固学习成果。实践课既可以系统学习某个知识点，也可以涉及有逻辑联系的多个知识点，但它不同于一个单一的实验环节。

4．评价多元性。

实践课的评价须具有多元性，既要有评价学生学习发展的一面，也要有评价学生动机、兴趣、情感、态度、意志、性格等非智力因素作用的一面。实际教学过程中，教师应根据教学环节制定相应的评价维度，并通过评价维度观察学生的知识落实情况。比如，在对采集到的素材进行展示的时候，评价维度可侧重于学生是否能搜集生活素材，能否大胆表述自己的观点；在过程环节，以辩论活动为例，重在评价小组成员是否积极配合，是否能够用论据立场鲜明地表达观点；在总结升华时，评价维度应设置在学生对知识点是否有所感悟方面。

5．动态开放性。

实践课强调从学生的真实生活和发展需要出发，选择并确定活动主题，鼓励学生根据实际需要，对活动过程进行调整和改进，实现活动目的。课程实施不是按照相对固定的内容体系进行教学。

（三）架构要素

结合教学实践，笔者认为要达成新课标倡导的议题式教学和活动型学科课程开发，开展实践课教学，应当具备以下4大要素。

1. 课程目标。

这是构成实践课的第一要素，制定目标的依据是对课程标准、所选教材、其他资源的分析以及对学生的研究。教师应当在研读课程标准和教材的基础上确立议题和教学目标，即明确“到哪里去”。通过对课程标准的把握，教师明确这节课要教什么，思考要让学生学什么，在自我思考、翻阅教参中逐渐明确教学重难点，根据思想政治学科指导意见和新课标设定有梯度的教学目标。只有明确重难点方能突破重难点，设立合适的教学目标有助于更好地选择、分解和整合本土化素材。

2. 课程内容或活动安排。

明确教学目标“到哪里去”后，教师应当有针对性地去选择相关教材内容及教学资源，并设计相关活动形式和内容，这其实是在构思“要怎么去”。首先大概勾勒出几个环节，确定先后次序，然后再精心研磨，优化设计。正如提纲是文章的骨架，教学环节非常关键，环节设计精巧，环节之间逻辑紧密，这是设计一堂好课的基础。它要求教师从总体上把握并选择教材内容并确定难点、重点等，明确各部分内容之间的性质关联和所需相关学习资源是否具备；在安排上要突出重点，按从易到难或按知识系统本身的联系和衔接关系排序。

在此处，重点谈谈教学资源的开发。如果将实践课比作一桌宴席，那么，教学资源则是食材。食材是否新鲜，搭配是否合理，烹饪出的菜肴合不合学生的胃口，能不能吃得消，都直接影响宴席的质量，而教学资源的开发则考验着思政课教师的智慧。

教学资源有很多，有校内资源，也有校外资源；有教材资源，也有非教材资源；有本土资源，也有非本土资源。作为高中生公民教育体系的重要一环，思政课承担加强学生公共参与、增强家国认同教育的重任；实践课也肩负着提高学生认识社会、参与社会，以及应对现实生活挑战能力的使命，因而基于真实情境的本土资源开发及教学设计优化成为必须。在本土资源中，本土化素材以本土性、生活化、直观化、便于感知等特点在实践课教学过程中具有独特价值和重要作用。实践表明，将学生熟悉亲切的本土化素材应用于教学，更易引发学生情感共鸣，激发学生的学习兴趣和探究热情。因此，用好、用活本土化素材成为高中思政课实践课理应秉承的“扎根中国大地办教育”的使命与担当。

那么，在实践课中教师如何在纷繁复杂的真实生活情境中选择有效素材呢？根据实践经验，议题式教学中所选择的本土化素材应当在围绕中心议题的过程中坚持三个标准：其一，要有针对性。选择针对性强的本土化素材需要做到“二贴”。一要贴近学生，这需要充分考虑授课班级的学情，挖掘学生感兴趣、有话说、有感悟的素材；同时注意把握时空联系，即在空间上选择学生熟悉的素材，在时间上选择更具时效性的素材。只有素材真正贴近学生生活，学生才会与之产生共鸣，才愿意更投入地参与课堂，也才能更深刻地理解知识。二要贴合教材，我们所选择的本土化素材能够明确且合适地指向教材所要达成的目标。只有贴合教材的素材，才能更好地为教学服务，更有效地达成教学目标。其二，要有代表性。在满足针对性要求后，我们希望选取的素材最具代表性，即这类素材不仅是学生普遍知道的，还是反映教材知识最具普遍性的事件。这就要求教师对搜集到的大量素材做“减法”，剔除与议题关联度不大或不能很好为教学目标服务的素材。代表性素材在教师教学选择上更具科学性，因为它使学生在自主学习、合作探究中能更高效地解决问题，并且使学生在现实生活中更普遍地应用知识，当然也使这类型课程更有可能成为示范课，在一个学校或地区推广。其三，要有真实性。思政课作为人文课程，在素材选择上除了兼顾针对性和代表性之外，真实性是其不可忽视的底线原则。而教师在选择有针对性和代表性的本土化素材过程中往往会对素材进行修饰、加工，导致其丢失真实性。真实的本土化素材如果运用合理，在议题式教学中能够产生强大的共情效应，促进学生深入思考，加深其对知识和真实生活的理解；反之，则会降低学生对课堂和教师的信任。因此，我们在本土化素材选择中需要结合客观实际，选取真实的案例和事件。

3．课程实施。

教师需要确定教学活动是如何组织、实施的，采用什么样的教学方法与活动方式，设置什么要求和具体安排，另外也要考虑课程顺利实施所需的时间、空间、设备和物质条件等。新课标指出，要通过问题情境的创设和社会实践活动的参与，促进学生转变学习方式，在合作学习和探究学习的过程中，培养创新精神，提高实践能力。实践课在实施过程中要特别注意学生积极性、主动性、创造性的培养，培养学生以合作的方式自主学习知识、获得正确认识事物的能力。

4．课程评价。

新课标在“基本理念”中指出，建立促进学生思想政治学科核心素养发展的评价机制，本课程紧紧围绕思想政治学科核心素养的形成与发展，建立激励学生不断进步的发展性评价机制。要注重学生学习、劳动和社会实践活动的行为表现，采用多种评价方式，综合评价学生的理论思维能力、政治认同度、价值判断力、法治素养和社会参与能力等，全面反映学生思想政治学科核心素养的发展状况。实践课的课程评价采用以过程为主、终端结果为辅的评价方式，既包括对学生学习过程和结果的评价，也包括对课程本身的评价。就对学生的评价而言，可以以议题为纽带，以活动任务为依托，不仅要评价学生有关学科内容的学习效果，而且要评价学生在社会实践活动中表现出来的情感、态度、能力；可以以学生的自我记录、自我小结为主，兼顾同学、教师、家人、社区工作人员等的评价。就对课程本身的评价而言，评价的关注点是学科核心素养能否得到提升，具体要看学习目标是否明确，活动设计是否合理，活动组织是否恰当，活动资源是否充分利用，学生的主体性、创造性是否得到充分发挥，学生的交往能力是否得到增强，学生是否有获得感。

（四）存在问题

观察目前高中思想政治实践课教学现状，笔者发现以下四个问题较为常见。

1. 时间有限，课堂以教师讲授为主，实践课鲜有开设。

一线教师工作安排普遍紧凑，很多教师不仅要完成教学工作，还要承担学校的德育工作，如负责班主任工作等。这就使教师的备课时间被大大压缩，只能在教室围绕教材授课。实践课的综合性要求思政课教师精心备课，挖掘教材或者重组教材，从中提取出通过实践的方式走出校园，迈入社会，更易达成教学目标的知识点，然后开展实践活动，这与仅仅依靠教材按部就班地讲授有根本区别。

2. 素材单一，局限于教材。

教材提供的是理解教学知识的经典性和普遍性的素材，但未必是最适合教学实际的素材。世界上没有两片完全相同的树叶，地区、学校、学生之间有差异，共性的素材难以满足个性的需求，教材提供的素材未必是教学实践当下的最佳选择。新课标在“基本理念”中明确指出，构建以培育思想政治学科核心素养为主导的活动型学科课程。本课程关注思想政治学科核心素养的培育，坚持教育与生产劳动和社会实践相结合，着眼于学生的真实生活和长远发展，使理论观点与生活经验、劳动经历有机结合，让学生在社会实践活动的历练中、在自主辨析的思考中感悟真理的力量，自觉践行社会主义核心价值观。所以，教师有必要在对教材进行深入分析的基础上重新选择、整合，选取适合学情的素材，其中就包括走出校园一隅，进入社会广阔天地的素材。这些素材“就地取材”，鲜活生动，贴近学生生活实际，符合学生认知，更易于接受理解，所谓“我听到的，我会忘记。我看到的，我会记住。我做过的，我会理解”。

3. 缺乏内化，选择互联网现成资源。

随着互联网技术不断发展，其跨越时间和空间传递、沟通、共享的功能被前所未有地放大。互联网让知识的共享空前发达。学科网、百度百科、Bilibili等网站为教师提供了大量可供选择的现成素材和课件。教师面对繁忙的工作安排时容易出现选择直接网上下载课件授课的情况。面对共享知识前所未有的发达现状，教师一方面要积极利用互联网的便利条件，不断优化教学；另一方面要提防这种便利限制自身思维拓展。[7]

4．未能有效整合教材和实践活动。

在日常教学中，有些教师尽管开展了实践活动，但是由于时间紧、任务重或缺乏深入挖掘，容易将实践过程中采集到的信息、获得的知识零散地呈现在课堂上，甚至呈现一些与核心素养和教学目标关联度不高的信息，抑或未能有效整合学科知识和实践活动创设适宜的教学情境。这些做法都不利于教师围绕议题展开活动型教学，而且学生难以在这种课堂上获得连贯性知识。

（五）实践课操作步骤

社会实践活动不同于课堂教学，它鼓励教师带领学生走出教室、走出校园、迈向社会，因而对教师的设计和组织活动能力要求较高。一般来讲，开展一堂实践课，包括前后衔接的五个步骤：第一步，确定社会实践活动方案；第二步，围绕主题开展社会实践活动；第三步，整理资料；第四步，交流分享；第五步，课后作业布置。

1．第一步：确定社会实践活动方案。

（1）挖掘乡土资源确定活动形式。

乡土资源是一笔宝贵的物质财富和知识财富。新课标指出，开展社会实践活动，要从学生的成长需要出发，注重通过乡土资源的开发与利用，丰富教学内容，加深学生对社会的认识和理解。乡土资源主要是指人们出生居住的地方的地域特色、自然景观、文物古迹、历史变迁、社会发展及民间艺术、民俗风情、语言文化等。它可以分为两类：一类是校本资源，即学生所在学校的校园环境、师资状况、校风学风、学生特长以及学生的家庭环境、家庭生活等；另一类是本土资源，即自然地理资源、人文历史资源和社会发展资源等。将乡土资源引入社会实践活动，不仅能增强学生对思想政治课的兴趣，还能激发学生热爱家乡、热爱社会、热爱国家的高尚情感。

新课标指出，学科内容的教学与社会实践活动相结合，是活动型学科课程的显著特点。结合当地的乡土资源，社会实践活动包括志愿服务、社会调查、专题访谈、参观访问，以及各种职业体验等。因此，第一步确定社会实践活动方案，考虑采用什么样的活动形式时，可以考虑社会调查、参观访谈、直接体验、社区服务、研学旅行等形式。

（2）依托教材知识确定活动主题。

思想政治课的活动设计需要依据相应的知识性内容，这是思想政治课社会实践活动产生的逻辑起点。韩震在《核心素养与活动型课程——从本轮思想政治课程标准修订看德育课程的发展趋势》一文中指出："一方面使知识性内容的教学通过活动来实施，另一方面使活动设计承载知识性内容的教学。"活动的开展要服从和服务于知识的学习，依据相应知识性内容设计活动，这不仅可以避免偏题现象，还有利于知识性教学目标的达成。这也是思想政治课社会实践活动与一般社会实践活动的区别所在。在设计社会实践活动时，需要思想政治课教师认真研读教参的知识目标，依据知识目标精心设计活动，使活动有章可循。[8]

（3）分配任务，提出要求。

教师根据社会实践活动的主题和形式分配任务，提出要求。需要注意的是，这里的任务必须明确，确保每一位学生"有任务"，包括做活动的参与者、做议题的解决者及不做活动的旁观者；任务必须具体、可操作性强，要让每一位学生清楚"自己应该做什么"，确保活动平稳、有序、保质保量完成。

2. 第二步：围绕主题开展社会实践活动。

师生按照确定好的社会实践活动方案开展活动，教师既不能"教"综合实践活动，也不能推卸指导的责任，应当成为学生活动的指导者、组织者、参与者和促进者。教师的指导应贯穿综合实践活动实施的全过程。

3. 第三步：整理资料。

学生对资料进行取舍、分类、归纳后形成实践报告。为了提高报告的质量，教师也应当做好指导，同时做好二次备课，为接下来的交流分享做好准备。

4．第四步：交流分享。

这是实践课最为重要的一步，承担着化零为整、归纳提升的重要使命。交流分享应该在实践活动结束之后的思想政治课课堂上展开，并充分利用教学手段，如多媒体、黑板、教具等。首先，各小组依次汇报实践过程并展示调研报告，完成一组教师点评一组；其次，教师总结、结束实践课。这个总结，既包括对活动的总结，也包括对知识的总结。

5．第五步：课后作业布置。

布置相关作业，延伸课堂，让学生巩固习得知识。

二、课型实例

教学背景分析（表2–16）

表2–16　教学背景5

基本信息					
学科	思想政治	年级	高二	课时	1课时（40分钟）
课程标准模块	普通高中教科书思想政治必修1、必修2、必修4				
教材版本	人民教育出版社，2021年1月				
授课课题	于社会大课堂中寻觅真知				

课标解读

通过思想政治课程学习，学生能够具备一定的思想政治学科核心素养。学科核心素养是学科育人价值的集中体现，是学生通过学科学习而逐步形成的正确价值观、必备品格和关键能力。思想政治学科核心素养，主要包括政治认同、科学精神、法治意识和公共参与。

1．政治认同。

我国公民的政治认同，就是拥护中国共产党的领导，坚持和发展中国特色社会主义，认同中华人民共和国、中华民族、中华文化，弘扬和践行社会主义核心价值观。

2. 科学精神。

我国公民的科学精神，就是在认识世界和改造世界的过程中表现出来的一种精神取向，即坚持马克思主义的科学世界观和方法论，能够对个人成长、社会进步、国家发展和人类文明做出正确的价值判断和行为选择。

3. 法治意识。

我国公民的法治意识，就是尊法、学法、守法、用法，自觉参加社会主义法治国家建设。

4. 公共参与。

我国公民的公共参与，就是有序参与公共事务，勇于承担社会责任，积极行使人民当家作主的政治权利。

教材分析

思想政治必修课是培育全体学生学科核心素养的基本载体，以发展中国特色社会主义为主线，设计必修课程的整体框架。配备4本教材分属4个模块：模块1“中国特色社会主义”，依循历史进程，讲述为何开创和发展中国特色社会主义；模块2“经济与社会”、模块3“政治与法治”、模块4“哲学与文化”，依托模块1的基本原理，讲述如何坚持和发展中国特色社会主义。选择性必修课是对必修课的延展，与必修课的实施相互配合、相互补充，满足学生多样化的学习兴趣和升学需要，配备3本教材分属3个模块：“当代国际政治与经济”“法律与生活”“逻辑与思维”。选修课是对相关必修课和选择性必修课的进一步拓展，配备3本教材分属3个模块：“财经与生活”“法官与律师”“历史上的哲学家”。

学情分析

学生进入高二，从知识上看，已差不多学完模块1“中国特色社会主义”、模块2“经济与社会”、模块3“政治与法治”、模块4“哲学与文化”的新课，具备相应的理论基础，于此时开展实践课最能凸显其价值：既能对所学必修课程进行拓展和实践，进一步巩固所学知识；也能为即将学习的选择性必修课有所涉猎、打下基础；还能对思政课学习方式、方法进行应用和检验。如果延续传统的在校课堂讲授方式，学生不但没有兴趣，也不符合新课标的要求。从能力上看，此阶段学生能用学科思维思考问题但不够理性，能用学科术语组织答案但逻辑性不强，能进行合作探究但效率不高，这就需要教师在实践课实施过程中，处理好学生自主实践与教师有效指导的关系。教师既不能“教”实践活动，也不能推卸指导的责任，而应当成为学生活动的组织者、参与者和促进者。[9] 从价值观上看，该阶段学生正处于“三观”形成期，有些价值观是含混不清的，甚至是错误的，思政课教师借机帮助其树立正确的“三观”是职责所在也是使命使然。

学习目标

通过亲身经历社会实践活动及全班集体交流分享，学生能掌握本次实践课涉及的经济、政治、文化、哲学四大领域的基础知识，增强政治认同，树立科学精神，提高法治意识，增强公共参与能力。为此，本课堂统筹教材和乡土资源、学情和社情、正常上学时间和周末休息时间，确定以下学习目标。

1. 了解企业成功经营的因素、发展非公有制经济对经济发展和提高人民生活水平的意义。该目标涉及经济领域。

2. 阐明劳动对社会发展和进步的意义，阐发正确的就业观，弘扬劳动精神，树立崇尚劳动、热爱劳动的观念，营造精益求精的敬业风气，践行社会主义核心价值观，探寻实现人生价值的途径。该目标涉及经济、哲学领域。

3. 了解人大代表的产生过程、活动方式和主要职责。该目标涉及政治领域。

4. 辨证地看待传统文化，领会对中华优秀传统文化进行创造性转化、创新性发展的重要意义。这一目标涉及文化领域。

教学过程设计

1. 确定社会实践活动方案。

（1）挖掘乡土资源，确定活动形式。

笔者所在的学校是县级高中，位于县城商业中心附近，菜市场、商店、商业银行在其周围都有分布；县城拥有国有投资研学营地——三峡民俗文化研学基地；班里学生有的来自县城，有的来自乡镇；学生家长有从政的，也有经商的，还有务农的；学生周六周天休息。

在确定活动形式时，笔者认为，人物访谈因明确的问题意识、感性的场景情境、快速的社会影响、强大的实际操作性，成为各类社会实践活动的首选。对于思想政治课而言，将人物访谈作为实践课的主要形式，可以为课堂教学提供广阔的空间、丰富的资源和真实的情境。参观访问形式中，以教育性和参与性为特征、寓教于游、形式活泼的研学旅行备受教育者青睐，其在拓宽和丰富培育途径、易化理解度和深化内涵方面对培育学生的社会主义核心价值观能发挥重要作用。通盘考虑本地乡土资源和教学实际条件（比如活动时间、设备、交通、安全等），笔者将本次实践课的活动形式确定为：人物访谈、直接体验和研学旅行三种形式。

（2）依托教材知识确定活动主题。

通过研读课标和教材，对所有知识点进行“扫描”，即进行可行性分析，最终将高中思政课涵盖的经济、政治、文化、哲学四大领域的部分基础知识确定为教学目标，并确定出总议题——走进社会大课堂，我收获了什么？以及与学习目标相对应的4大分议题。

分议题1：校门口的奶茶店藏着怎样的生意经？

分议题2：在周末助农中体会为什么劳动最光荣。

分议题3：人大代表是怎么代表人民的？

分议题4：三峡民俗文化研学营地里有什么？

（3）分配任务，提出要求。

①公布议题，确定分组。

全班学生自由组合完成分组（分成4组），每组选定一个分议题，确定一名小组长。小组长协调统筹，负责：A. 在小组成员充分讨论的基础上初步确定活动方案，然后在老师的指导下最终确定活动方案，给小组成员分工，必需的分工角色有记录员（借助表格记录活动全过程）、摄影师（拍摄有助于问题解决和小组风采展示的典型照片）、摄像师（跟拍典型视频），采用访谈方式的小组还必须有记者和速记员；B. 开展活动期间的小组成员安全及定时汇报；C. 在小组成员充分合作交流的基础上形成实践报告并发送给老师。

②确定时间。

确定周六晚为讨论活动方案时间；周日上午8：00—12：00为活动开展时间，下午2：30—5：00为整理资料时间，晚上8：00前完成实践报告并通过网络发给老师，其余时间自行安排。

③确定流程。

A. 周六晚上各小组初步确定活动方案并发给老师，老师提出指导意见，小组最终确定活动方案。

B. 所有同学通过微信加入“社会实践联络群”。

C. 周日为社会实践时间，包括上午开展活动、下午整理资料和晚上发送实践报告三项内容。

D. 周一的思政课上，各小组发言讲述实践过程，汇报实践报告。发言时间不超过7分钟。

④注意事项。

A. 此次实践活动分组同步开展。

B. 各小组根据实践任务，设计本小组的活动方案，根据自己选定的议题选用恰当的方式，备选方式有：访谈、直接体验和研学旅行。

C. 老师将在周日8：00、9：00、10：00、11：00、12：00五个节点上，在微信群里询问各小组的安全和进度，小组长要特别留意并及时准确汇报；12：00活动结束之后组员各自回家，小组长收集齐组员“平安到家”信息之后，马上报告给老师；周日下午的整理资料任务，学生利用网络在家完成，形成实践报告；周日晚8：00之前小组长通过网络将实践报告发给老师。

D. 利用表格记录活动全过程，利用手机、相机等将图片和视频进行保存。

E. 带好雨伞、水、纸巾和其他必需品。

F. 活动中和活动前后往返家途中，一定要注意人身和财产安全；如果遇到突发情况，第一时间联系小组长，小组长即刻联系老师。

未尽事宜，另行补充。

2. 围绕主题开展社会实践活动。

师生于周日按照既定流程开展活动，各司其职。

教师通过微信群随时关注活动动态，在五个时间节点准时发送信息：请四位小组长确认小组成员安全情况，若一切正常则回复“正常”，若有特殊情况，请回复“需要通话汇报”，然后分情况处理。若“正常”，则要求小组长即时发送小组成员开展活动的照片；若“需要通话汇报”，则马上电话联系小组长，问清楚情况，想对策解决问题。

学生在小组长的带领下，按照事先制定好的活动方案进行实践活动。

3. 整理资料。

学生小组线上讨论，对实践活动采集到的资料进行取舍、分类、归纳后形成实践报告并发送给老师。之所以要设计成线上讨论，是基于两个考虑：第一是安全因素。保证学生安全是头等大事，实践活动用一个上午的时间已经完成，如果还要设计成学生面对面讨论，就增加了危险发生的概率，不如在家中完成讨论保险。第二是空间因素。学生的家庭住所不可能扎堆，往往是分散的，正好可以发挥互联网传递沟通共享的强大功能。

教师将报告的结论做成《我的收获》PPT，为每一个小组做好点评。

4. 交流分享。

师：同学们，不登高山，不知天之高；不临深渊，不知地之厚。经过昨天一天的社会实践，大家收获满满，这一点，我已经从你们发来的实践报告中感受到了。那么这节课，咱们就一起来分享从脚步丈量中收获的知识，跟随同学的讲述和思考，增广见闻。有请负责分议题1的小组汇报。

第一组学生代表发言：大家好。我们组采访了位于后校门的“书亦·烧仙草”奶茶店，请看，就是这家。（展示“书亦·烧仙草”奶茶店图片，见图2–4，此时台下所有同学都投以赞赏的目光，注意力高度集中）

图2–4 “书亦·烧仙草”奶茶店

我们在老师的指导下，确定了以下几个问题：①该店是什么性质的？②该店受欢迎的秘密是什么？③该店有哪些需要改进的地方？该点咱们国家鼓励这类企业的发展，有何意义？我们的观察和对店老板的采访都围绕着这四个问题展开。

我们了解到，“书亦·烧仙草”创办于2006年。公司位于西南经济中心——成都。公司倡导以“健康、新鲜、时尚”的饮食文化，秉承“专业、专注、专心”的经营理念，坚持采用健康、新鲜的原料和上等水果，精心调制每一杯饮品，让消费者真正体验到“定制服务、平价消费”的茶饮新概念。公司以细节展示品牌的魅力，从品牌商标的设计、产品的外包装到店铺形象的打造，都融入了自己的创新。公司拥有顶级的设备和制作技术，奶茶口感新鲜、味美，既有牛奶的香浓，又有红茶的甘醇，还有各种果味的柔美清新，并且在口味方面不断推陈出新，逐渐扩大着自己的市场。目前版图扩展到全国各地，并延伸到海外，如多伦多、菲律宾。经过十几年的深耕研发运营，成功打造出“书亦·烧仙草”仙草茶饮行业标杆品牌。

我们得到的结论是：（PPT展示“我的收获”）

（1）从公司的类型看，这是一家有限责任公司，从公司的性质看，它属于私企，是非公有制企业。

（2）它成功经营的秘密是：①树立了正确的经营战略。“定制服务、平价消费”等经营理念集中体现这一点，让它成功拥有了大量消费人群，包括庞大的学生党；它现在大力发展加盟模式，使公司向产业化、规模化方向发展，扩大市场占有率；②坚持自主创新，依靠技术和管理，形成了自己的竞争优势；③诚信经营，坚持新鲜食材和精心调制，使它树立了良好的信誉和企业形象；④重视品牌建设，形成了品牌效应。

（3）作为消费者，我们对它的建议有：①希望在质优的同时，“价更廉”；（台下学生笑，大部分同学点头说“对，对”）②希望寒暑假可以招钟点工，咱们也能利用空余时间赚点钱；（台下学生笑，有的说“我也想去”）③希望它能“走出去”，成为中国版的“星巴克”，扩大世界影响力，为国争光。（台下爆发出长久热烈的掌声）

（4）国家鼓励、支持、引导非公有制经济的发展，是有制度保障的。我国实行公有制为主体、多种所有制经济共同发展的基本经济制度，这有利于激发经济活力，促进“大众创业，万众创新”，促进就业、增加税收、促进创新、促进经济发展。我汇报完了，谢谢大家。

师（点评）：第一小组成功解决了“企业成功经营的因素”这个问题，一个成功的企业不仅仅要考虑经济效益，还要考虑社会效益，要努力做到两个效益的统一，自觉承担社会责任。比如，刚才提到的给同学们提供打工的机会，不仅仅可以让学子取得报酬还可以为学生提供锻炼吃苦耐劳品质的机会。当然，老师要提醒，在假期要做到学习和实践相兼顾。在“形成以国内大循环为主体、国内国际双循环相互促进的新发展格局”这个时代背景下，企业必须具有国际胸怀，只有保持和国家的脚步同频共振，才能做强做大。在现阶段，我们国家实行公有制为主体、多种所有制经济共同发展的社会主义基本经济制度，既体现了社会主义制度的优越性，又同我国社会主义初级阶段社会生产力发展水平相适应，是党和人民的伟大创造。现在有请负责分议题2的小组汇报。

第二组学生代表发言：大家好。跟第一组同学访谈不同，我们组去干活啦！（台下有声音“哇……”）大家看，这就是我家所在的盘龙街道活社区的柑橘园。（展示图2–5）一个个丰硕养眼的红橙挂满枝头，就像一盏盏灯笼，可爱吧？（展示图2–6）果农们正穿梭林间忙于采摘。（展示图2–7）丰收的景象映射出一幅红红火火的美丽画卷。

我们小组的任务就是在这里帮忙摘柑橘。（台下有学生问："有工资不？"生大笑）哈哈，工资没有，但是吃柑橘管饱。我们干了差不多两个半小时，摘果实的时候要小心控制摘的力度，太大力会把枝丫折折，影响来年发芽结果。摘下果实后动作也不能太"豪放"，要小心翼翼地将其放到筐里，因为果实如果破了皮，受了挤压就会缩短保质期，也卖不出去。筐装满之后就搬到指定的地方去，最后这个搬运的环节最耗力气。忙活一上午还是有点累的。但是叔叔阿姨特别热情，又是送水又是送吃的，跟他们说说笑笑，时间倒也过得快。临走时看着我们摆好的一筐筐火红的柑橘，特别有成就感。（展示图2–8）

图2–5　柑橘园

图2–6　经橙挂满枝头

图2-7　采摘柑橘

图2-8　柑橘

叔叔阿姨们一遍遍地道谢，还要留我们吃午饭，看着他们朴实的笑脸，听到他们真心的赞美，我们心里别提有多高兴啦。我们还从柑橘园负责人那里了解，活龙社区柑橘销售方式呈现多元化，如游客采摘、外地商贩收购，农民经纪人收购、互联网平台销售等，每年人均增收3000元，户均增收可达9000元。当下全县柑橘产业发展将围绕县委、县政府实施的乡村振兴战略，以《云阳县柑橘三年倍增计划行动方案》为战略目标，坚持生态优先、绿色发展理念，主推五大集成技术，狠抓柑橘提质增效，示范建设宜机化果园，实行计划密植，推广应用品种改良、农机农艺配套、水肥一体化和覆盖抗旱技术，对全县柑橘果园进行提档升级。县里拟通过五年时间发展优质脐橙5万亩，柑橘提质增效15万亩，力争云阳柑橘种植面积突破40万亩。

确实，没有付出艰苦的劳动就体会不到收获的喜悦，也体会不到“粒粒皆辛苦”。经过这次助农活动，我们收获太多，概括起来有以下几点：（PPT展示“我的收获”）①劳动最光荣。宏观看，劳动创造了物质财富和精神财富，是人类文明发展进步的源泉，所有人都应该热爱劳动；微观看，在劳动中我们实现了自己的价值，我们感受到了快乐。②光荣属于劳动者。劳动者是生产过程的主体，各行各业的劳动者都在自己的岗位上创造财富，没有高低贵贱之分，都应该受到尊重。③行行出状元。劳动分工不同，但是只有敬业的人，才能在本职工作中取得成就。④学好本领助力家乡发展。之前我还真不知道柑橘产业是我们县的特色产业，也不知道它在乡村振兴中发挥着这么大的作用。通过这次采摘，我们真切感受到了乡村振兴的步伐在踏踏实实的迈进，而迈进的动力，如柑橘产业的提档升级，则是依靠科学技术知识。学习知识是为了运用知识，如果能将所学用于造福生我们、育我们的家乡，那不是人生快事吗？最后，请欣赏我们的采风（PPT展示抓拍的“最美劳动者”笑脸照片，配乐《歌声与微笑》。此时课堂气氛达到一个小高潮，所有学生眼睛里带着光，被劳动者纯朴的笑容所感染）。我的汇报完了，谢谢大家。（长久而热烈的掌声）

师（点评）：讲得真好，我提议，让我们再一次为第二组同学超正的价值观点赞。（热烈掌声）人生的真正价值在于对社会的责任和贡献。劳动和奉献是实现人生价值的根本途径。新时代的青年要有理想、有本领、有担当，在砥砺自我中走向成功，这是实现人生价值的主观因素。任何时候，都要将个人的命运和国家社会的发展紧紧联系在一起，在个人和社会的统一中实现价值，这是实现人生价值的客观因素。是的，劳动者因劳动而美，我们应该崇尚劳动；光荣属于劳动者，我们应该珍惜每个人的付出；没有分工不同的劳动，就没有丰富多彩的生活，所以我们应该干一行爱一行。自觉践行社会主义核心价值观。有请负责议题3的小组汇报。

第三组学生代表发言：大家好。前面两组同学都讲得太好了，我可太有压力了。（生笑）不过，我们组聚焦的既不是商店也不是劳动，而是一个人，一个我们都认识的人。（生问：是谁呀？）他就是咱们学校的校长、市人大代表卢军。（展示图2–9）

图2–9　云阳高中学校卢军校长

在采访之前，我们在老师的指导下，确定了采访任务需要搞清楚的四个问题：人大代表的性质、人大代表的产生方式和任期、人大代表应该履行的义务以及人大代表所拥有的权利。在弄清这些问题的基础上我们将采访问题设计如下：①您是怎么被选为县人大代表的？您能谈谈整个选举过程吗？（人大代表的性质、产生方式和任期）②在云阳县人民代表大会开会期间，您都会做些什么？（人大代表的权利以及人大的权力）③我们在网上看到您向云阳县人大提交的关于图书馆的议案，您能具体谈谈议案的由来吗？（人大代表的权利）④我们还在网上看到您参与了云阳县滨江公园升级改造项目，您能给我们谈谈具体过程吗？（人大代表的义务）

听完卢校长的详细介绍，我们又查阅了相关资料，我们对“人大代表”这个知识点理解得更深刻了。（PPT展示“我的收获”）①地位：人大代表是国家权力机关的组成人员，代表人民直接行使国家权力。②在我国，县以及县以下的人大代表都是选民直接选举出来的，这有三大优点：一是能直接地反映民意，实现选民的意志；二是更能保证重大决策的科学性，对于纠正违反群众意志的现象具有强大的威力；三是可以更好地调动公民参与管理国家事务的积极性；四是有助于加强选民与当选者的联系。还有，咱们国家所有的人大代表任期都是5年，都采用差额选举，这样就在候选人之间形成了相应的竞争，为选民行使选举权提供了选择的余地，有助于选民了解候选人，有助于从制度上切实提高选举的民主化程度，也有利于人才的选拔，使优秀人才得以脱颖而出。③人大代表的权利有：提案权、审议权、表决权和质询权。在此之前，我对质询权和监督权总是分不清楚，卢校长的讲解解开了我心中多年的疑问。（生笑）我来具体讲讲，质询权必须由一定数量的人大代表或常委会组成人员在人代会上或者常委会会议上书面提出，质询的对象是“一府两院”。质询案必须载明质询的对象、质询的问题和内容。质询案带有批评性质，主要是对“一府两院”某项工作不满意而提出，由主席团会议或者常委会主任会议决定交受质询的机关书面答复或口头答复。书面答复的应当由受质询机关的负责人签发，口头答复的必须由受质询机关的负责人出面答复。提出质询案的代表或者常委会组成人员过半数对质询案的答复不满意的，可以要求受质询机关再次答复。总之，质询权是特定的，区别于普通公民权。④因为权利和义务是辩证统一的，人大代表也要履行义务：A. 密切联系群众。B. 协助宪法和法律的实施。C. 听取和反映群众意见建议。比如，人大代表联系群众制度，就表明反映群众的意见是其职责所在，要用制度的形式保障人民通过人大代表进行民主监督。D. 努力为人民服务，对人民负责，接受人民监督。

经过此次采访，我们不仅强化了关于人大代表的知识点，还自主学习到了其他知识点，经过这样的方式理解知识，我觉得比光看书、听老师讲课要有用得多。我们还深刻感受到人大代表与我们的实际生活息息相关，人大代表代表人民，是联结人民和人民代表大会的纽带，我们有意见可以向他们反映，他们通过行使权利把我们的心声传达到人民代表大会，从而解决问题。没想到维护我们的合法权利原来有这样便捷的途径，不经过这次实践课，我们也不会想到会有这么多的收获。谢谢。（掌声）

师（点评）：看得出来这一小组的同学采访之余做足了功课，这种求真、刨根问底的精神值得我们学习。这一小组的同学非常清楚地讲解了人大代表的相关知识以及两种选举方式的优点。以上知识点是咱们学过的，经过跟人大代表对话，完成了对知识的复习和检验。老师相信，经过这次实践，同学们对该知识点的掌握将更加牢固。而且，咱们也深刻感受到，我国的人大制度和人大选举制度，其宗旨就是维护人民的利益，是适合我国国情的好制度。另外，他们也谈到了对实践课这种课型的感受，用他们的话说就是“不经过这次实践课，我们也不会想到会有这么多的收获”。老师也非常受启发，除了传统的课堂讲授法之外，探索更加有利于学生学习的授课方法是我们教师的职责所在。俗话说得好，“教学相长”，谢谢你们带给我的启迪。好，有请最后一组同学闪亮登场。

第四组学生代表发言：同学们好。我们组的实践活动跟前面三组的比起来，应该是最轻松有趣的，因为我们进行了一次“微旅游”。（该生露出自豪的笑容，台下学生都露出好奇的表情）是不是很好奇我们去了哪里呢？下面，就跟着我的讲述一起走进三峡民俗文化研学基地吧。（展示图2–10）

图2–10　三峡民俗文化研学基地组图

三峡民俗文化研学基地，坐落于环湖绿道四方井公园内，是国内首家三峡民俗文化研学基地，也是三峡库区唯一一个国有投资研学营地。总面积约3500平方米，可一次容纳300余人学习研学课程。该营地以城市生活、智能科技、人文艺术、三峡地域特色、手工制作等为核心，开发了美育与生活、生命安全、科技创客、国学与传统文化、三峡中医药、三峡石等系列探索体验型课程，致力于提升青少年的综合素养。

早上我们到达基地门口，就看见入口处已经排起了长龙。（展示图2–11）进入营地，就能看见摆放着的艺术画作，我们静静观赏了画作中“抗疫”一线工作者的英勇身姿，并用便签写下了对他们的敬意与祝福。（展示图2–12）

图2–11　排队进三峡民俗文化研学基地

图2–12　三峡民俗文化研学基地门口

在生命安全教室内，老师正在教小学生们生命急救知识与技能，我们也仔细听完了，学会了常见突发情况的应急处置办法（展示图2–13）。在创客空间教室内，我们开动脑筋用拼装零件进行拼装，在这里还能看机器人表演（展示图2–14）。

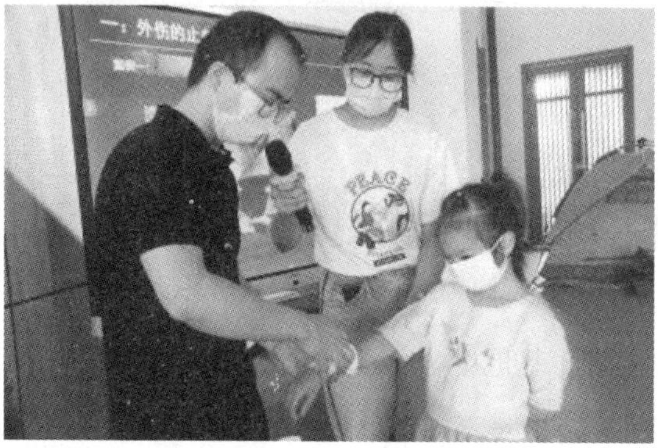

图2–13　教师教小学生生命急救知识与技能

图2–14　创客空间组图

在传承技艺教室内，我们学习了三峡中医药文化，辨识中草药，并在老师的指导下自己动手制作具有驱蚊、防流感等功效的手工香囊（展示图2–15）。在非物质文化遗产手工教室内，我们了解了长江流域，探寻了三峡奇石的形成，还在它上面绘画（展示图2–16）。

图2-15　学习三峡中医药文化

图2-16　在三峡奇石上绘画

游览途中，我们隐隐闻到了一股淡淡的奶茶香，跟着味道走近，才发现这里有老师正在教大家做特色奶茶，我们也按照配方参与了制作，一杯杯香甜的奶茶相继出锅，老师品尝之后竖起了大拇指（展示图2-17）。游览完毕，我们来到最后一站时光邮局，从工作人员手中拿到信封、信纸，写下想对十年后的自己说的话（展示图2-18）。

图2-17　制作奶茶

图2-18　时光邮局

读万卷书，行万里路。尽管这是一次微旅游，可对于我们而言，这是人生中第一次研学，收获很多，特别是收获了很多在学校、在课本中没有的知识。在研学基地，我们绘画拼装，在动手动脑的同时，锻炼了创新和协调能力，看着自己完成的略显笨拙的作品，心里却很高兴：自己居然还有这方面的才能（生笑）。我们通过听课增加了健康知识；通过观看机器人表演感受了科技的魅力，对“科技让生活更美好”“科学技术是第一生产力”这些在电视里和课本中出现的话突然就真的理解了；我们领略了三峡中医药文化的魅力，由衷地赞叹其中蕴含的智慧，我们为自己身为三峡人感到特别自豪；

我们还借机进行了人生规划方面的思考。如果用一句话形容我们的感受，那就是：不虚此行。谢谢。（掌声）

师（点评）：好，谢谢你详细的介绍和分享。老师想做一个现场调查：听完第四组同学的汇报后，下次实践课想去研学旅行的同学，请举手。（全班同学举手）哇，同学们环顾下四周，看到没，这就是研学的魅力！在“游”中“学”，真实地去触摸这个世界，在旅行中学习、体悟和思考，丰富知识、提升素养，正应了那句话：“最好的教育在路上。”今后的实践课，老师会尽量满足同学们的诉求，当然，这也离不开同学们的配合。刚才汇报中，有一个点，我印象很深，就是他们组学习了中医药文化，制作了香囊，那可是纯手工哟！（生笑）现在有带在身边的吗？（生笑着回答：没有，太丑了，不好意思带到学校）那有什么关系，爱因斯坦的成就也是从做第一个板凳开始的。（生点头）我想说的是，昨天你们学习的是哺育咱们的三峡文化，文化是人们共同的精神家园，学习三峡文化就是在寻根，在守护我们的精神家园。作为青年学子，我们肩负着不让三峡文化断流的使命。我们要遵循文化的发展规律，使其创造性转化、创新性发展，做好传播、继承和创新。

师：同学们听取了四组同学认真实践后精彩的汇报有什么感受？能不能说说？

生1：我最大的感受就是通过分享知识，我极大地提高了知识的体量，这节课容纳的知识远远超过了平时一节课的知识容量，收获太大了。

生2：这样的课，我觉得特别有意思，自己亲身经历了，有些知识真的懂了。

生3：我也觉得我们学习的知识不再是冷冰冰的教条，它就存在于我们的生活之中，源于生活。

生4：在活动中，我锻炼了体力，也锻炼了能力，增进了同学之间的友情，很难忘。

生5：我希望这样的课能多上几次，虽然要考虑的因素太多，比如我们外出时的安全，老师你也辛苦了……

师：听到同学们的发言，我太欣慰了，你们真的长大了。一次实践课居然有这么神奇的效果。（生笑）在实践中增长知识，懂得感恩，收获友谊，提升素质，这就是本堂课的意义。习近平总书记曾说，今天，我们比历史上任何时期都更接近、更有信心和能力实现中华民族伟大复兴的目标。实现伟大梦想就要顽强拼搏、不懈奋斗。作为青年学子，我们要牢记“奋斗是青春最亮丽的底色”，坚定理想信念、在实践中练就本领、担当使命，勇做合格的时代新人。课后，请课代表将四个小组的实践报告贴到后面黑板上，同学们可以自行翻阅强化知识点。

5. 课后作业布置。

师：你们有没有发现，四个小组的实践活动承载了不同的知识点？（生：发现了）经过这堂课同学们对于这些知识点的理解肯定比之前要深刻得多了。下回实践课，同学们想通过什么样的方式探究哪些知识呢？请拟定活动的主题和形式，这就是咱们今天的课后作业。明天思政课前请课代表收齐交给我。好，咱们的实践课圆满结束，再见！

三、课堂评价

“纸上得来终觉浅，绝知此事要躬行。”实践课作为新课标倡导的一种课型，实在是益处多多。可是，实际教学过程中，由于开展实践课需要考虑多方面因素、协调多方面关系，换句话说，开展实践课的条件比较难具备，所以实践课采用的频率很低。本堂课教师的教学为实践课的开展提供了有益借鉴。

新课标对教师指导综合实践活动提出了这样的要求：教师既不能“教”综合实践活动，也不能推卸指导的责任，而应当成为学生活动的指导者、组织者、参与者和促进者。教师的指导应贯穿于综合实践活动实施的全过程。

从这堂课的完成来看，本堂课教师的指导是符合以上要求的：创设问题情境，激发学生参与实践的内在动机；引导学生提出问题，确定研究课题或活动主题，并在制定活动方案、实施过程、总结与评价等环节，给予学生必要的、适度的指导，没有包办代替；对学生进行一定的方法训练，如引导学生利用工具书、表格，使用视听媒体等，让学生学会整理资料等技能，做到了“指导者”的身份；实践课要求学生走出学校，在社会实践中获得知识和感悟，这对老师的组织统筹能力是非常大的考验。该教师“心细如发”，整堂实践课从筹备、到实施、到总结，都安排得严谨、妥当、周详，保证了活动的有序开展和学生知识情感的有效获得，达成了教学目标，实现了实践活动课的教育功能，展示了教师扎实的专业基本功和极高的职业素养，发挥了“组织者”的作用。该教师全程参与学生活动，及时了解学生活动的进展情况、问题与需求，根据具体情况帮助学生调整计划，主动参与学生的探索与实践。在参与的过程中，教师自身成长，做到了“教学相长”，发挥了“参与者”的作用。该教师为学生实践创设必要条件，积极争取家长和社会有关方面的支持和参与，开发对实施实践课有价值的校内外教育资源，为实践提供良好的条件，发挥了“促进者”的作用。

在课堂交流环节，教师的点评特别亮眼。该教师对每一个小组的评价极有针对性和启发性，语言精练，富有亲和力和感染力，态度真诚自然。师生在民主平等的关系中合作交流，碰撞出知识的火花，升华了活动的意义，反映出教师科学的教学理念和很强的语言驾驭能力。当然，这个跟教师从开始设计活动时的第一次备课和学生提交实践报告之后的二次备课有直接关系，能看出教师在课堂背后的辛勤付出和精心准备，这种敬业的精神本身就是活的教材，在“以身示范”中给学生传达认真、努力、积极的人生态度。另外，这也启发我们思考如何评价学生的问题。很多教师对学生回答问题之后的评价，是很笼统的，比如“很好”“对了”等，这样的评价实际上对于肯定学生的努力，激发学生的求知欲，调动学生的积极性是无效的。但是本堂课的教师的评价，牢牢抓住学生的话题，及时捕捉学生的情绪，做出适当的点拨，或鼓励或补充或升华，不仅仅让回答问题的学生听着“舒服”，也让全体同学“爱听”，有助于学生的持续学习。这样的评价，是有效的，也是新课标提倡的。

整堂课师生配合默契，学生表现出很强的积极性、主动性和创造性，教师也表现出很强的业务素质，特别是该教师立足本土资源和实际教学情况进行的整个教学设计富有创新精神，给人留下了很深的印象。从分组同步实践到学生合作探究，再到及时指导和分享交流，最后到总结升华、布置开放型作业，构思新颖，师生的智慧都因此而生发。总之，本堂课达到了实践课的教学要求：在活动中落实核心素养，实现知识和能力目标，是一堂高质量的优课。

建议：最后的交流分享环节，小组生成的结论和教师补充的知识点，这两个都是活动承载的知识，所以，窃以为如果用填空式的、学案的方式发给学生，会不会达到更好的效果？当然，这也有待实践的检验。

参考文献

［1］中国社会科学院语言研究所词典编辑室．现代汉语词典［M］．北京：商务印书馆，2016.

［2］王德胜．中国中学教育百科全书总编委员会政治卷编辑委员会．中国中学教学百科全书·政治卷［M］．沈阳：沈阳出版社，1990.

［3］中华人民共和国教育部．普通高中思想政治课程标准（2017 年版2020年修订）［M］．北京：人民教育出版社，2020.

［4］中华人民共和国教育部．普通高中思想政治课程标准（2017 年版2020年修订）［M］．北京：人民教育出版社，2020.

［5］中国国家航天局．党领导新中国航天事业发展的历史经验与启示［J］．军工文化，2021（7）：30–36.

［6］中共中央宣传部．习近平新时代中国特色社会主义思想学习问答［M］．北京：学习出版社，2021.

［7］俞珊．巧用本土化素材　激活议题式教学［J］．中学政治教学参考，2020（3）：45.

[8] 马炳帅，冯昕. 思想政治课社会实践活动的设计[J]. 中学政治教学参考，2020（2）：44.

[9] 中华人民共和国教育部. 中小学综合实践活动课程指导纲要（2017年版）[M]. 北京：人民教育出版社，2017.

第三篇　研究成果

论高中思想政治课建设性与批判性相统一

重庆市云阳高级中学校　卢军

重庆市教育科学研究院德育研究所　杨昌义、谭轹纱

摘要：国家未来的发展方向离不开意识形态的建设。我国青年学生承担着复兴中华民族的重要责任，因此要加强对青年学生的意识形态教育引导。思政课程具有对改革创新的价值导向作用，要坚持建设性与批判性相统一的要求。但目前高中思政课程存在着建设性与批判性相割裂的现实情况，这使得高中思政课没能更好地发挥出其本身应具备的价值引导和引领意识形态教育的重要作用。因此，本文探讨高中思政课建设性与批判性的统一路径，希望能够解决高中思想政治课程的实践困境，推动社会主义建设者和接班人的培养。

关键词：普通高中；思想政治课；教学创新；建设性与批判性相统一

改革创新高中思政课教学，加强高中生意识形态教育，着力培养社会主义接班人，是立德树人的内在要求与重要目标。习近平总书记在学校思想政治理论课座谈会上提出了推动思政课改革创新的“八个相统一”原则。尤其是建设性与批判性相统一的原则，强调的是思政课改革创新的根本要求和价值导向。高中是培养社会主义接班人和巩固社会主义意识形态的重要阵地，因此思政课一定要牢牢把握主流意识形态建设，敢于面对错误思潮和观点及

时给予批判。由于思政课的教材受到了篇幅和体例的限制，其核心内容主要阐述主流意识形态，很难充分开展对错误思潮和观点的批判。若教师仅仅局限于教材来开展思政课教学活动，学生很难深入理解主流意识形态，难以将理论与实践联系起来。这类教学缺乏批判性，也导致效果不佳。因此，教师授课时要把高中思政课建设性与批判性相统一，不断提升思政课的教学效果，让高中生能从心底认同社会主义核心价值观，坚定理想信念。

一、高中思想政治课教学创新的理念基础：建设性与批判性相统一的价值意蕴

（一）建设性与批判性相统一是思想政治教育改革创新的核心

推动思政课改革创新，很关键的一条就是坚持建设性与批判性相统一，通过建设性与批判性相统一推动思想政治理论课创新改革，利用该原则促使思想政治理论课程能够积极传导主流意识形态，并对错误思潮和观念加以批判。“建设”是思想政治课的根本，指的是通过对社会主义核心价值观的弘扬和传播，坚定中国特色社会主义；“批判”指的是对错误的观点和思潮做出批判，进行剖析。二者相结合共同呈现出了思想政治理论课程的教育价值和本质，这对于推动思想政治理论课程的改革有着重要意义。习近平总书记提出的“八个相统一”原则，从多个角度和多个方面提出了创新改革思想政治课程的方向。高中思想政治课是巩固学生意识形态和培养新时代社会主义接班人的重要阵地，要积极做好各种建设性的工作，并且对错误的思潮和观点给予批判。思想政治理论课是帮助学生将所学习到的理论知识转化为实践的过程，促使高中生培育良好的理想信念和政治素养。坚持建设性与批判性相统一的原则就是要把真理和谬误厘清，将错误思想和主旋律的边界划清。现如今，高中生能够接受各种思潮，对于这些思潮的辨析需要思想政治理论课程的引导。从另外一个层面来说，批判性服务于建设性，最终目的就是要让思想政治教育更符合时代发展，端正学生的思想，坚定学生的政治立场。

（二）建设性与批判性相统一代表着普通高中思想政治课程标准中教学建议的核心遵循

在普通高中思想政治课程标准教学建议中提到建设性与批判性相统一，这也是整个课程中的核心遵循。政治核心素养要求学生能够勇于面对挑战，战胜困难，了解社会发展规律，汲取历史教训，用客观的且具有建设性的批判态度，应对复杂的情况；面对多种文化交错的复杂情况时，能有很好的文化理解力，可以理性分辨对与错，并拥有解决问题的能力。普通高中思想政治课程标准中的教学建议明确提出了教师应当遵循建设性与批判性相统一的原则，进而增强思想政治课程的针对性和实效性。习近平总书记提出，党在发展过程中必须要非常重视意识形态工作，必须批判那些错误的思潮和观点。这也成了高中思想政治课程的主要标准和准则之一。普通高中思想政治课程标准中的教学建议是对教师的建议，其中的“建设性与批判性相统一”表示在教学之中需要教师能融入这一原则，而且还要积极促进思想政治课程的建设与批判，引导学生可以对错误思潮进行辨别和批驳。

（三）建设性与批判性相统一有利于反思高中思想政治课实践困境

目前，尽管部分教师已经重视到建设性与批判性相统一对于高中思想政治课程的重要意义和价值，但高中思想政治课程在实际操作过程中，很难实现二者的相统一。只有通过遵守思想政治工作的发展规律，才能有效提高工作水准和做好思想政治工作。提高高中学生思想政治觉悟主要通过思想政治课程，但学生却很少能将在思想政治理论课程中学习到的知识应用到实践之中，此外，高中思想政治课程还存在学科体系不够完善、教学方法创新过度以及教学批判性缺失等问题。而建设性与批判性相统一可以全方面帮助增强高中思想政治课程体系的实践性，促使教学机制、教学方法以及教学理念在批判与建设中得以改进，解决目前高中思想政治课程存在的实践困境。

二、高中思想政治课教学设计的现实症结：建设性与批判性的割裂

（一）普通高中思想政治课建设性的僭越

建设性即为高中思想政治课的“立”，而批判性则为“破”。建设性与批判性彼此交错，既是支持的逻辑关系，又是相反的两个对立向度。“八个相统一”包含了课程理念、课程范围、教学方法、教育路径等要素。普通高中思想政治课程的建设性指的是通过加强建设教材体系、提高专业教师队伍水平、创新教学方法以及完善学科体系，并遵循高中生成长发展规律，积极利用中国特色社会主义理论和马克思主义理论增强教育的实效性、亲和力，引导学生正确应用马克思主义的方法论、世界观与习近平新时代中国特色社会主义思想分析并解决问题。建设性的僭越是对建设性与批判性相统一的撕裂，仅仅是运用说教式的方式来传达正确的思想和观念，缺乏灵动性。首先，教材体系过多关注理论体系方面的构建，缺乏与实践相搭配的知识内容，导致教师在教学的过程中过多依赖于教材，只传递积极正面的知识，很少涉及批评性的内容。其次，专业教师队伍水平参差不齐。在职的高中思想政治课程教师将重心放在了完成教学任务和提高学生的学习成绩上。尽管日常教学中会涉及时事政治等方面的内容，但所占比重相对较小，过多注重“建设”，忽略“批判”。再次，在教学方法上，普通高中思想政治课程部分教师以讲授为主，忽略运用交流与反思的教学方式，造成了建设性与批判性的割裂。

（二）普通高中思想政治课批判性的缺失

当下普通高中思想政治课教学中存在着缺失批判性的情况，导致高中思想政治理论课程实际的教学效果难以充分达到新课标标准。普通高中思想政治课的批判性指的是教师在把握好批判性含义的根基上，通过创新思想政治教育教学，把握马克思主义批判性原则，带领学生对社会问题进行批判性的分析与解决。但是，目前高中的思想政治课批判性教育还有待加强。首先，思想政治课教师受限于教学任务和教学进度，完成课本上的教学任务都比较

勉强，更难以在课堂上增加具有批判性的教育内容。其次，思想政治课教师自身的任务和负担比较重，不会耗费过多的精力和时间来提高课程中批判性教学内容所占的比重。再次，部分高中思想政治课教师没有意识到批判性在教学中的重要意义和价值，不会特意在课程之中引入批判性的教育内容。而在教学内容中增添批判性内容，引导学生对传统的思政理论有新的认知，让学生站在不同的角度看待思政课程，能使学生对思政课程产生更强的兴趣，还能让学生更切实地树立正确的思想政治意识，而不会受到错误思想的影响。

三、高中思想政治课教学的实践路径：建设性与批判性相统一

（一）增强教学内容与真实社会议题的联系

批判性和建设性相统一离不开对社会上的错误思潮的评判和批评，这是统一二者的必经之路。而错误思潮形成后已经具备一定的规模，往往会从社会议题中表现出来，因此将错误思潮放在社会议题之中加以讨论更可以帮助学生更好地理解这些思潮的错误之处，这才能将批判性和建设性相统一的功能发挥出来。因此，增强社会议题与教学内容之间的联系可以助力课程教学的批判性和建设性相统一。

高中思政课程实现建设和性批判性统一需要与真实社会议题联系，让学生明确责任意识和阵地意识。当下，我国正面对着复杂严峻的国内外形势，高中思政课新课标明确提出了要让学生了解社会议题的实际状况，以此来提高思想政治教学的实践性和针对性。高中思政课程的时政性较强，应当积极引导学生对现有时政热点的关注，把握时代的脉搏。例如在讲述“中国共产党的先进性”时，可以举例新型冠状病毒肺炎疫情在发生之后，党中央对人民群众的生命健康与安全极为重视，积极抗击疫情。并选用“生命之上、人民至上”这一议题，帮助学生更好地理解其中的重难点知识，引导学生运用理性的思维看待和思考问题。而在将教学内容与真实社会议题相联系时，要尽力创设情境、呈现议题、交流总结以及内化反思4个环节。通过这4个环

节，引领学生在最后的阶段中形成正确的价值观。这样才能培养起学生辩证性的思维，实现高中思想政治课程的批判性和建设性相统一。

（二）增强意识形态与学生生活经验的联系

高中学生对社会观念、社会现象的认知来源于他的生活经验。同时，意识形态源于生活，也需要回归生活才能发挥出意识形态教育的重要作用和价值。坚持批判性和建设性相统一，目的是要让学生形成和增强正确的意识形态观念，促使学生把正确的意识形态变成自身自觉化的行动和思想。意识形态要与学生的生活经验相联系才能真正融入学生的内心世界，从而转变为其自觉的行为和追求。

高中思政课程的教材已经形成了完整的体系，其重视教学内容的建设，而且以阐释和分析正面宣传为主。但目前思政知识对于学生来说比较抽象，学生很难在短时间内切实接受。因此，要在思想政治课中加强意识形态和学生生活体验的联系。学生在现实生活中有许多无法避免的思想困惑和价值冲突，另外，学生生活情境中有着异常丰富的情感和知识内容，教师可以联系具体的情景来帮助和引导学生进行批判。生活经验可以实现将抽象的知识转变为生动的情景，教师在对学生生活经验中不良思想进行批判和理性思考的过程中，应充分发挥主流意识形态的影响力。如，教师可以对社会中的生活实际、重要政策以及热点事件进行设计，呈现这些情景背后的人文价值、经济、社会以及政治背景，再通过提问的方式让学生独立思考和大胆分析，帮助学生在这个过程中培养出良好的社会责任意识和正确的情感、态度、价值观。

（三）加强否定性课程资源的运用

不良思想文化是错误思潮中的重要部分，也是高中学生正确思想观念形成的阻碍。思政课需要对错误思想进行批判，让学生明确知道这部分思想文化是错误的，是需要抵制的。将这部分内容作为课程资源，能帮助学生举一反三，并与不良思想文化和错误思潮进行斗争。

现如今，互联网技术发展和智能移动终端的快速普及，使得每个人都可以在网络上自由地发表言论，但有些言论和观点过于极端。高中生的世界观、人生观和价值观都处于尚待形成的阶段，一些不良的社会思潮极容易侵蚀高中生的思想。但高中思想政治课程教师可以将这些不良思想文化作为否定性的课程资源运用到思政课程教学之中。但要注意的是，教师在引入这类否定性的课程资源时，一定要运用主流意识形态教育来批判这些否定性的课程资源，不能一味地迎合学生的兴趣爱好，也不能过多掺杂个人的意识和观念。例如，教师在引入不良思想文化这类否定性的课程资源时，应该引导学生积极探讨正确的思想文化，并提出解决这类问题的策略和方法。然后，可以针对否定性的课程资源来讲述正确的道理。学生对国家政治生活中出现的问题较为关注，而且高中阶段的学生拥有着胸怀天下、关心国家的情怀，因此会对这类否定性课程资源感兴趣。教师在应用这些否定性课程资源时不能单纯地渲染课堂气氛，而是应当将其作为真理论证的反面依据。

（四）加强交流与反思的教学方式运用

要在高中思想政治课中实现建设性与批判性相统一，除了要在内容上关注否定性的课程资源之外，还要注重教学方法。社会议题是基于现代时事政治而产生的，这类社会议题包括具有争议性和非争议性的公共议题。建设性与批判性相统一需要有议题参与其中，让学生开展交流与反思，这样才能让学生在交流中进步，在反思中提高自己的思想觉悟水平；另外这也是提升教学实践性的重要方法。运用交流与反思的教学方式主要是在教学活动之中融入具有争议性的社会议题，并且让学生小组讨论和交流，将交流的结果展现出来，教师结合思想政治理论来引导学生树立正确的思想。

教师应当将社会议题交流与反思的教学方式应用到高中思政课程建设性与批判性相统一的实践当中去。在批判不良思潮和错误观念时，不能简单地运用政治批判方式来压服众人，一定要通过辩论和交流的方式将各种错误思想分辨清楚。因此，思政课程要保证实现学理性和政治性相统一，促使其政治评价更加鲜明，而且也更加透彻。不能只是简单地给予错误思想否定的判断，而是应当辩证地分析错误实质，探讨其危害根源，这样才能保证有效解决问题。此外，还要运用反思性的教学方式。培养学生的批判性思维时，要避免教师的绝对权威所产生的不良影响，要重视学生所提出来的不同观点，鼓励学生能对教师所讲的内容产生怀疑和提出问题，运用这样的方式提高教师与学生之间的对话程度。教师可以让学生运用小组讨论、辩论、展示与答辩、案例剖析以及自由提问等方法让学生全面探究和深入了解社会议题。教师还要引导学生在课后进行反思，调动起学生对于社会议题学习和思考的兴趣，促使学生在知识层面和思维层面掌握好批判错误思想的方法与原则。

教育的根本任务是为了培养出符合社会主义发展的人才，习近平总书记关于思想政治教育方面的讲话其实明确了普通高中思想政治课改革创新的未来发展方向和目标是建设性与批判性相统一。因此，要深刻理解高中思政课程建设性与批判性的价值蕴含，帮助教师反思高中思想政治课的实践困境，充分认识目前普通高中思想政治课在统一建设性与批判性的过程中存在的现实割裂问题。要构建统一高中思政课建设性与批判性的路径，需要教师在教学过程中加强和社会真实议题的联系，运用好否定性的课程资源，加强反思与交流的教学方法的运用，增强高中思想政治课程的针对性和实效性。

（此文发表于《中国德育》2021年第15期）

参考文献

［1］陈锡喜，刘伟．论高校思想政治理论课建设性与批判性的统一［J］．思想理论教育，2019（5）：16-21．

［2］王韶兴，檀培培．建设性与批判性相统一的内在意蕴及实现路径［J］．思想理论教育导刊，2019（6）：99-102．

［3］吴潜涛，陈越．坚持建设性与批判性相统一　推动思政课改革创新［J］．中国高等教育，2019（10）：7-9．

［4］王奎．思政课实现建设性与批判性相统一的路径探析——以“马克思主义基本原理概论”课对西方错误思潮的分析批判为例［J］．思想理论教育导刊，2019（8）：105-107．

[5] 余丰玉. 思政课改革创新要坚持建设性与批判性相统一[J]. 中国高等教育，2019（12）：1.

[6] 白文丽. “八个相统一”在思想政治理论课教学中的应用——以“中国近现代史纲要”课程为例[J]. 民族教育研究，2020，31（5）：21–26.

[7] 毛加明，郑先斌. 高职院校思政课教学实现建设性与批判性统一的价值与路径[J]. 中国职业技术教育，2020（26）：38–42.

[8] 王晓曦，唐忠义. “中国梦”主题教育中建设性与批判性相统一的路向分析[J]. 学校党建与思想教育，2020（4）：4–7.

[9] 于红艳. 重大疫情背景下高校开展思想政治教育的三重辩证维度[J]. 学校党建与思想教育，2020（16）：28–30.

[10] 刘建军. 论高校思想政治理论课教育教学的“八个统一”[J]. 教学与研究，2019（7）：13–19.

让学生爱上微课

重庆市云阳高级中学校 卢军

摘要：微课具有时间短、容量大、结构简和质量高等优点。科学进行微课设计，对高效教学和学生素养的提升具有重要意义。

关键词：微课教学；课堂设计

随着现代教育技术的快速演进，微课借助流媒体的优势在教学中逐步得到推广运用。微课以时间短、容量大、结构简和质量高等优点，为教师讲解难点知识、演示操作技能、拓展应用空间等提供了多样化选择，对于学生学习情趣的激发、学科知识的掌握和学习方式的转变等都有重要价值。

1. 精确“微”主题，目标定位有意义。微课作为服务于学生自主学习的一种教学手段、动态资源，要在有限的时间内体现结构完整、指向确定的有意义的学习，首先要重视“微”主题的教学立意，根据教学目标明确微课的意义旨向。我们可以通过某个教学重点或难点的突破，或指向某个教学内容的拓展，或针对某一个教学知识的探究等，帮助学生解决学习问题，在不断学习、精进、成长的过程中发展学科核心素养。

如对于“科学立法”微课，我们应该根据《青少年法治教育大纲》对高中的阶段目标——“较为全面地了解中国特色社会主义法律体系的基本框架……增强法治观念，牢固树立有权利就有义务的观念”，指向“全面推进依法治国”这一主题，将具体目标定位在“通过分析案例和法律条文，知道推进科学立法要依法立法、民主立法、合理设定权利与义务、权力与责任”，引导学生认识科学立法与生活息息相关，理解积极参与民主立法的重大意义，增强法治观念，树立法治信仰。

2. 精选“微”素材，贯通生活有意味。微课是以微视频为载体的一种教学资源，虽然时间较短，但必须基于教学主题，围绕学习目标，选择合适的素材创设教学情境，密切联系现实生活，激发学生的学习兴趣，促进理论与实际的有机统一，通人性、接地气。首先，教师要认真研究教材上的相关素材事例，准确把握所体现的教学内容和精神实质，或直接使用，或改造使用，或进行替换；其次，在把握微课目标的基础上，与时俱进，结合当下的现实生活，从具有主题意义的素材中选取有价值的典型事例，彰显微课体现的时代性、现实性和生活性，帮助学生理解所学知识，渗透价值引领和情感培育。

“科学立法”的素材很多，我们在课程标准、教材文本和教学目标的指引下，最终选择“广州《民法典》实施第一案——高空抛物损害责任纠纷案”。学生有折纸飞机等生活经验，但对于“高空抛物”的危害性和法律规定缺乏深刻认识，我们正好可以借助此案组织学生开展深度学习。

3. 精设“微”活动，为学而教有意思。微课教学必须秉持以生为本的理念，激发和支持学生自主学习，努力实现从教师的“教”向学生的“学”

的转变，从“传授模式”向“学习模式”的有效轮转，激发学生微课学习的主体自觉。微课教学不是简单进行视频播放，使学生变成“银幕前的观众”，而应该设计促进学生自主思考和深层探究的活动，让学生进行围绕主题开展材料阅读、问题思辨、演绎归纳、练习巩固等活动的过程性学习，活动要侧重于学生独立思考，讲解点拨要言简意赅、切中要害，评价反馈要引领学生检验对所学知识的掌握程度。

如对于“科学立法”，我们在投放有关“民主立法”素材后，让学生阅读思考：《中华人民共和国民法典·民法总则专家建议稿》为什么要向全社会征求意见？这对我们建设法治国家有什么启示？关注学生的发展和对学习过程的直觉体验，让学生阅读感悟、深度思考和归纳综合，从而理解民主立法体现人民意志和利益的本质，把握民主立法的基本原则和要求。

4. 精握“微”尺度，取舍得当有意涵。微课要达到“以微达精”的教学效果，在素材、内容的取舍和结构设计上要把握好尺度，取舍适度，详略得当，在素材的选用上坚持“够用就行”的原则，对知识分析的详略与提出问题的多少要精心设计，注重在程序性知识上妥善安排，满足大多数学生的需求。在结构上不强求完整无缺，但要呈现给学生一个符合学科思维的逻辑结构，让学生学起来有趣味、有意涵。

如对于“如何科学立法”微课而言，科学立法的内涵要简约，可以将其融入三个基本要求进行输出，其中“科学立法要符合国情和实际”，在初中的“良法善治”中有过详细的表述，可不必过多展开；对于“依法立法”，可以通过《中华人民共和国宪法》和《中华人民共和国立法法》的相关条文，引导学生阅读思考加以讲解；而对于“科学立法要合理设定权利与义务、权力与责任”，由于教材没有辅以相关素材，我们可以引入《民法典》关于“高空抛物”的相关规定加以讲授。

5. 精引“微”生成，交流互促有意蕴。理论性强是思想政治学科的重要特点，许多知识和技能，不是单靠以微视频为主要载体的微课演示讲解就能让学生理解和掌握的，必须将抽象的知识与方法寓于直观形象的场景和活动中，通过设置适切的议题或问题，精心引导，在师生互动交流中才能很好达成教学目标，不断生成新知识、新观点和新思想。

如“科学立法”中如何不断提升法律的质量，我们通过《中华人民共和国立法法》的第四、五、六条和《民法典》的立法过程，引导学生做迁移性拓展思考。学生通过思辨、讨论，达成生成性共识，在相互交流中求同存异、互促共进，不断获得新知识、新方法，彰显微课教学的生成价值和灵动活力。

（此文发表于《思想政治课教学》2021年第10期）

“如何实现中华民族伟大复兴的中国梦”议题式教学设计

重庆市云阳高级中学校　卢军

议题：如何实现中华民族伟大复兴的中国梦？

情境主题：北斗之梦 · 中国之梦

一、教材与学情

（一）教学内容分析

1．本框地位。本框是对中国特色社会主义进入新时代的深化，进一步明确和落实新时代必须实现中华民族伟大复兴的中国梦。只有坚持和发展中国特色社会主义才能实现中华民族伟大复兴，不忘初心、牢记使命，为学习习近平新时代中国特色社会主义思想做铺垫。

2．本框内容。“实现中华民族伟大复兴的中国梦”是必修1“中国特色社会主义”第4课“只有坚持和发展中国特色社会主义才能实现中华民族伟大复兴”第2框内容，主要内容是中华民族伟大复兴的中国梦的本质和怎样实现中华民族伟大复兴的中国梦。下设三目。

第一目“中国梦的本质是国家富强、民族振兴、人民幸福”。教材用

“只有创造过辉煌的民族才懂得复兴的意义，只有经历过苦难的民族才对复兴有如此深切的愿望”的“探究与分享”，得出中国梦必须把国家的追求、民族的向往、人民的期盼融为一体，并进一步分析中国梦是人民的梦、国家的梦、民族的梦、中华儿女的梦，但主体是人民。在分析中国梦本质的基础上，对中国梦的外延进行阐释，即中国梦也是奉献世界的梦。

第二目“新时代中国共产党的历史使命”。教材用“四个伟大”明确中国共产党“怎样实现中华民族伟大复兴的中国梦”。通过“不忘初心、牢记使命”主题教育活动的“探究与分享”，说明党的建设在“四个伟大”中起决定性作用。

第三目“分两步走建成社会主义现代化强国”。教材介绍了党的十九大关于新时代中国特色社会主义发展的两步走战略安排，并从经济、政治、文化、生态、社会、民生、强军等方面阐述了国家怎样实现中华民族伟大复兴的中国梦。通过探究与分享“新时代，青年人如何有所作为”和习近平总书记对新时代中国青年的“六点要求”，进一步分析青年在实现中华民族伟大复兴的责任担当。

（二）学情分析

1. 学生心智特征分析。基于高一新生思维习惯、对政治学科的喜欢程度和考试压力，政治课堂应该是重活动而开放的。本框议题式教学和活动开展可以激发学生兴趣，转化学生思维习惯。

2. 学生已有经验分析。学生在初中阶段对中国梦、初心使命、“四个伟大”、“青年兴则国家兴”都有一定程度的学习经验，通过大众传媒、时政课堂等对中国梦的内涵有一定的理解，对于“怎样实现中华民族伟大复兴的中国梦”具有综合思考和继续深化学习的可能性。

二、课标与学科素养

（一）课标分析

阐明中国特色社会主义进入新时代，我们比历史上任何时期都更接近、更有信心和能力实现中华民族伟大复兴的目标，明确把爱国情、强国志、报国行，自觉融入坚持和发展中国特色社会主义事业、建设社会主义现代化强国、实现中华民族伟大复兴的奋斗历程之中。

（二）学科素养分析

1．政治认同。让学生树立能够实现中华民族伟大复兴的中国梦的坚定信念；提高坚持和发展中国特色社会主义的政治认同；明确只有坚持中国共产党的领导，才能实现中华民族的伟大复兴。

2．科学精神。让学生理解中国梦的本质、新时代中国共产党的历史使命，建成社会主义现代化强国的战略安排和实现措施。

3．公共参与。增强学生投入实现中国梦的热情，展现当代学生应有的担当行为。

三、教学重难点

1．教学重点：中国梦的本质、新时代中国共产党的历史使命、“四个伟大”。

2．教学难点：“分两步走”建成社会主义现代化强国及其实现措施。

四、路线与结构

（一）教学思路

本课整体设计需要考虑四个方面的内容：教学流程上，按照“知情连线—议题决策—议题追问”的顺序，侧重“议题决策”，按照行为主体将决策环节分成三个层次，具有结构化特征；学科内容上，主要是怎样实现中华民族伟大复兴的中国梦，对应教材的一个框题，具有结构化的特征；情境设计上，围绕“北斗卫星导航系统”情境主线，选择“以中国方案和中国道路开启新时代太空征程”“建导之路、建导之艰、圆梦人生、建导之意”“以青春的名义筑就世纪工程”等情境，具有非结构化的特征；议题追问环节，选择“作为青年学生，面临高考这一人生梦的重要节点，应该如何不忘初心、牢记使命”的开放性假设，具有一定的非结构化特征。

（二）教学路线

本课以议题式教学为主要方式，议题、情境、活动和任务四个要素形成如下四条线索：议题为“如何实现中华民族伟大复兴的中国梦”，在课堂架构中起引领和纽带作用；情境线由“北斗卫星导航系统之‘伟大’”—“北斗卫星导航系统之‘联动’”—“北斗卫星导航系统之‘青春’”构成，是课堂架构的载体；活动线由“阅读、商议和展示”—“商议和展示”—“商议和演讲”—“书写和展示”构成，是课堂架构的路径；任务线是根据情境对比理解“党如何做实现中国梦的领导者”，认同国家“分两步走”战略和实现措施—迁移“实现中华民族伟大复兴的中国梦”知识回答“青年如何做实现中国梦的弄潮儿”，培育青年的时代担当意识。

（三）教学结构

本课架构模型如图1所示：

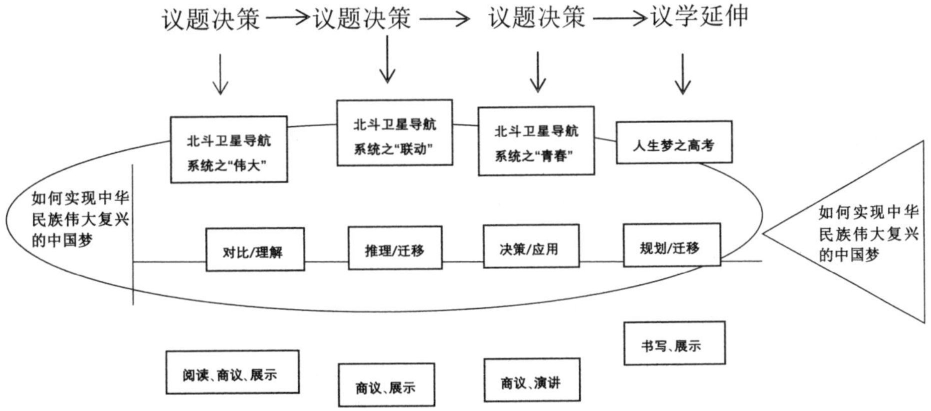

图1　“如何实现中华民族伟大复兴的中国梦”课程架构模型

五、过程与意图

总议题：如何实现中华民族伟大复兴的中国梦？

导入：同学们，我们国家在卫星导航系统方面取得了什么成就？

环节一：知情连线。

［学科概念］中国梦。

［议题情境］做实现中国梦的践行者。

中国北斗卫星导航系统是中国自行研制的全球卫星导航系统，也是继GPS、GLONASS之后的第三个成熟的卫星导航系统。中国人依靠自身的智慧，自力更生，自我创新，设计、建成了它，实现了几代航天航空人的中国梦，创造了奇迹。

［议学任务］通过自主学习，完成知识连线。

中国梦的本质	世界人民
中国梦是谁的梦	国家富强，民族振兴，人民幸福，奉献世界
中国梦的延伸	人民
中国梦的主体	人民、国家、民族、中华儿女

［设计意图］通过线性关联了解识记中国梦的本质，实现经验逻辑与学科逻辑的统一，让学生带着分辨、比较的思维学习，从对政治思想的依从转向认同。

［答案提示］

中国梦的本质　　世界人民

中国梦是谁的梦　　国家富强，民族振兴，人民幸福，奉献世界

中国梦的延伸　　人民

中国梦的主体 ——— 人民、国家、民族、中华儿女

环节二：议题决策·北斗卫星导航系统之“伟大”。

［学科概念］四个伟大。

［子议题1］实现中国梦，党如何成为领导者？

［议题情境］

团队自主创新：关键器部件100%自主可控。

团队自主攻关：历经二十六载，从无到有，从有源到无源，从区域到全球，交出一份沉甸甸的“成绩单”。

团队关键人物：新一代北斗导航卫星首发星总设计师、优秀共产党员林宝军，其团队中有70%以上为未满35岁的优秀青年，他们怀着高度责任感，确保每一道程序“零质量隐患”。

［议学活动］商议、展示。

［设计意图］大多数学生对北斗卫星导航系统比较熟悉，但认识可能并不深刻；“四个伟大”方针理论在初中课本中有所涉及，但学生不一定能准确辨别甚至理解其中的关键因素。通过“以中国方案和中国道路开启新时代太空征程”的情境设置，配合子议题“实现中国梦，党如何成为领导者”的商讨，最终帮助学生具备真实的、主动参与的心智。

［答案提示］自主创新对应“伟大事业”，自主攻关对应“伟大斗争”，关键人物对应“伟大工程”，这三个伟大都是为了实现“伟大梦想”即中国梦。从关键人物、共产党员等字眼中可以看出“伟大工程”是起决定性作用的。当然，推进伟大工程，必须结合伟大斗争、伟大事业、伟大梦想的实践来进行。“四个伟大”相互作用、相互贯通。

环节三：议题决策·北斗卫星导航系统之“联动”。

［子议题2］实现中国梦，国家如何成为组织者？

［议题情境］

回望建导之路：1994年北斗一号工程立项，2000年底，建成北斗一号系统，向中国提供服务；2012年底，建成北斗二号系统，向亚太地区提供服务；2020年，建成北斗三号系统，向全球提供服务。

体会建导之艰：自主研发，从无到有、从有到优、从区域到全球的发展历程。

感受建导之意：经济、科技、人文等领域深度融合，形成一个全球性产业走廊。

圆梦建导人生：一种精神的坚持，即“在陌生领域从无到有，在高端技术空白地带白手起家”的奋斗精神。

［议学活动］根据情境商讨国家从哪几个方面入手实现中国梦、完成鱼

骨图并展示。

［设计意图］通过让学生在群策群力中拟定联动路线，于议题情境中提炼有效信息，在讨论、合作中应用和迁移相关知识，培养其发散性思维和综合分析归纳能力，善于从多个角度分析问题，具有大局意识。

［答案提示］示例1：战略设计上分两步，坚持新发展理念先行。实践推进现代化经济体系、人民当家作主制度体系、文化自信、民生和社会治理、生态文明体制改革、强军、“一国两制”、和平发展、从严治党等。

示例2：现代化经济体系。人民当家作主制度体系、“一国两制”和平发展、从严治党、文化自信、生态文明体制改革、民生和社会治理。

环节四：议题决策·北斗卫星导航系统之“青春”。

［子议题3］实现中国梦，青年如何成为弄潮儿？

［议题情境］北斗三号系统卫星总设计师、中科院微小卫星创新研究院副院长林宝军带领的81人首发星团队，平均年龄只有31岁。他们用三年零三个月的时间，顺利完成北斗三号12颗组网卫星的部署任务，实现了美国用了20年的技术跨越。

［议学活动］以“青年如何做实现中国梦的弄潮儿”为主题，撰写演讲词。

［设计意图］设问具有相当的开放性和灵活性，同时贴近学生的思想和行为，学生有话可说、想说、能说。“以青春的名义”能激发学生的同理心，激发学生自信心和作为青年人的担当意识，立意显著。

［答案提示］不忘初心、牢记使命，攻坚克难、勇夺要隘，坚定理想、勇于担当，有责任心、有进取心，立足实践、服务人民，积极创新、努力创造，练就本领、锤炼品德……

环节五：议学延伸·人生梦之高考。

［议学任务］梦想诚可贵，而作为青年学生，面临高考这一人生梦的重要节点，应该如何不忘初心、牢记使命？

［设计意图］对于当代高中生来说，“面临高考这一人生梦的重要节

点，应该如何不忘初心、牢记使命”是人生规划和行动素养中必须回答的问题，彰显思想政治学科特有的育人价值，坚持素养立意，并回归本课议题：怎样实现中华民族伟大复兴的中国梦，将素养立意与议题主线有效结合。

［答案提示］坚定人生理想，脚踏实地，努力学习；坚定学习目标，积极进取，日有所获；担当人生责任，奋进追逐，勇敢奔跑……

［板书设计］

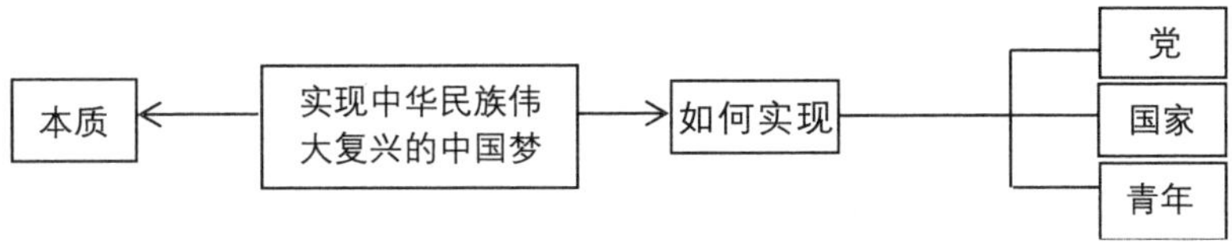

六、教学反思

“如何实现中华民族伟大复兴的中国梦”议题式教学，是对《普通高中思想政治课程标准（2017年版2020年修订）》中提出的议题式教学和活动型学科课程的崭新尝试。本课教学设计以“北斗之梦·中国之梦”为主题情境，以高中思想政治学科核心素养为课堂立意，以“如何实现中华民族伟大复兴的中国梦”为议题引领，教学思路集中在“议题决策”环节以“同中求异”，圆满完成教学的各项任务，达到了预期的教学效果。

（此文于2020年11月获首届全国高中思想政治议题式教学设计大赛一等奖）

高中政治新课程改革之我见

重庆市云阳高级中学校　何婧

摘要：在高中政治新课程改革过程中，教学更加注重生活化、实际化，注重贴合学生实际，注重学生的知识系统和能力系统的培养，注重学生丰富的情感，注重对学生正确的生活态度和价值观的培养。在高中政治新课程改革实施过程中，教师要不断更新自己的教学理念，运用多种教学方式，引入多种教学手段，利用多种教学资源，不断创新教学方法，创设多种教学情境，不断激发学生的活跃思维，提升学生的创断能力，实现高中政治教育事业的更大进步与腾飞。

关键词： 高中；政治；新课程改革

随着素质教育理念的不断深入，新课程改革的浪潮又一次席卷了高中政治课堂，对高中政治教师提出了更高的要求，也给高中政治教学提出了更高的标准。高中政治新课程理念，强调教学应当以提升学生的学习兴趣为主要目标，鼓励学生进行自主学习，提倡教师应和同学开展深入交流，进行合作探究，培养其创新性思维，提高其创新能力。但是，在新课程改革的实际实施过程中，由于传统的教学理念影响根深蒂固，教学理念的陈旧、教学手段的单一、教学资源的短缺，都成为影响高中政治新课程改革的制约因素，素质教育没有能够有效实现，教学效果也没有得到真正的有效提升，新课程改革成了一句空话，课堂教学又走回了传统的应试教育的老路。那么，我们应该如何采取有效措施推进新课程改革顺利进行呢？

一、转变教学观念，活化利用教材

高中政治新课程理念应当坚持“以教师为主导，以学生为主体”的教学原则，以学生的综合、均衡、全面、稳步发展为目标，这是新课程理念与传统的应试教育理念全然不同的一个要点。为了保证新课程改革的顺利实施，高中政治教师必须准确把握新课程改革的根本所在，及时更新教学理念，保证新课程改革的新思想、新理念，能够真正落实到课堂教学当中。因此，教师在高中政治课堂教学中要充分发挥学生的主观能动性，让学生的学习主动性和积极性得到有效发挥，促使学生广泛、深入地开展多种形式的学习活动，将课堂真正还给学生，尊重他们的创造性和独立性，突出他们的主体作用。这样不仅可以使学生把所学知识转化为自己的观点、信念，转化成自己的世界观和方法论，而且可以培养学生养成符合社会主义的道德标准和良好行为习惯。教学不只是传递和接受课程的过程，也是课程开发的过程。教材内容只是帮助学生实现三维发展目标的一种载体，不应让教材去驾驭人，而应该利用教材教学生。因此，教师应将教学知识与学生熟悉的生活素材相融合，并设计富有挑战性的问题，让学生借助课前收集的资料和以往的生活经验加以解决；也可以通过提供相应的教学资源，让学生在具体的生活情境中探究知识的发生、发展，感受知识的本来面目，最终达到既学习新知识又解决实际问题的目的。教师还要指导学生及时地总结学习过的知识、使用的思维方法和涉及的人生道理。因此，在学习新知识后，教师要为各层次的学生设计巩固练习题，同时还要指导学生运用所学的知识技能解决生活中的实际问题。这样可以使学生在获得基础知识和基本技能的同时，掌握一定的学习方法，发展情感体验，实现“知识与能力”“过程与方法”“情感态度与价值观”的共同发展。

二、强化个人素质，推进课程改革

高中政治教师是高中政治新课程改革的具体实施人员，因此教师的个人素质直接关系到新课程改革能否成功，改革措施能否落实到位。针对当前的新课程改革的具体实施，教师应当不断提升个人的专业修养和教学能力，以应对不断发展的教育教学事业的更高要求，应对学生不断增强的知识需求，适应新课程改革提出的更多挑战。新教材坚持以生活逻辑为主线，在生活主题下引领学生探求学科知识，遵循由近及远、由浅入深、由具体到抽象的教学路线。新课程改革对教师的能力提出了更高的要求：课程设计、课程资源整合与课程开发的能力；科学处理教材与选择教学内容的能力；捕捉动态生成性教学资源的能力；指导学生多样化学习的能力，如自主、合作、探究；开展研究性学习的教学设计与组织能力；合作教学的意识与能力；现代教育技术和对资源的应用能力，这些都对教师提出了新的挑战。因此，教师必须加强业务学习和钻研，增强自身创新能力，自我磨炼，不断超越，在平时的教学中多借鉴同行成功的经验，加强交流与合作，不断探索、总结、反思自己的教学。教师应着眼于不断变化发展的社会、课程和学生，继续学习、不断更新自己的知识储备，以做好新时期的教育和教学工作。

三、创新教学方式保证改革落实

教学活动的开展直接决定了高中政治新课程改革的落实情况。在高中政治课堂教学中，教师采取灵活多样的教学方式，打造和谐轻松的课堂，构建愉悦民主的教学氛围，可以极大激发学生学习热情、促进学生积极主动地参与到教育教学过程中，发挥自身的主观能动性，实现专业知识、能力水平、情感态度、思想品质的同步均衡发展。教师究竟应该采取何种方式进行教学？教学方式并非是“新”就好用，关键是要满足学生的需要。教学方式应当服务于学生的学习方式，学生的自主性能否得到尊重和发挥成为区分新旧课堂的标志之一。新课程要求教师从单纯注重知识传授转为关注学生的学习方式、学习愿望和学习能力的培养，要引导学生质疑、调查探究，在实践中学习，富有个性地学习。因此，选择正确的教学方法，创建符合新课程理念的新课堂是高中政治教师实现新课程改革任务的必由之路。由长期的“灌输式”教学到突然的“探究式”教学，学生往往很难一下子接受，所以在这种转变的过程中，学案导学这种教学方式就起到了很好的过渡作用。教师作为学生学习的指导者、帮助者、促进者，在精心设计教案的基础上要围绕学生“学什么”和“如何学”编写学案，对教材进行科学取舍，帮助学生构建知识体系，突出学习重点，明确学习要求，指导学生课前预习，发挥引导学生“课前参与、课上探究、课后延伸”的功能。这样有利于提高学生的听课效率和增加课堂容量，为课堂讨论、合作探究提供时间上的保障。

总之，作为一名奋斗在工作第一线的高中政治教师，我们应当以积极的姿态、饱满的热情、充足的动力、昂扬的斗志投入到高中政治新课程改革浪潮当中去，不断学习新的教学理论，提升自身素质，在不断的变化中寻找适合新课改的教育教学方法，从而促进新课改的发展与完善。

（此文发表于《魅力中国》2017年第41期）

谈高中政治学科复习教学

重庆市云阳高级中学校　何婧

摘要：随着高考制度改革进程的不断推进，考查方向不断向对学生综合素质能力进行考查发展，考查内容不断向宽度的拓展和深度的加强发展，并且考查的要求也不断提高，这就给高中政治教学提出了更为严峻的考验。在高中政治教学中，复习是一项极为重要的教学活动，不仅能够促使学生实现对所学知识的进一步巩固与完善，而且能够加深学生对所学知识的理解程度，拓宽学生的思维，提高学生的综合实践能力和创新能力。因此，切实把握高中政治学科的复习教学，对高中政治教学具有深远的意义。

关键词：高中政治；学科；复习教学

高中政治课堂教学中的复习教学，就是对曾经学习过的知识进行重新的学习、反思、感悟、把握的过程，要通过对既有知识的重新理解，促使学生形成一个整体的、科学的、系统的、专业的高中政治知识网络，全面提升学生对政治知识的全面巩固掌握，提高学生深入理解所学知识、合理运用所学知识的能力。在高中政治学科复习教学中，一些教师采取传统的复习模式，大搞题海训练，耗费了学生大量的时间与精力，复习效果却不尽如人意。新课程背景下的高中政治学科复习教学，要以素质教育理念为指引，以高中政治学科高考《考试说明》为依据，明确复习方向，把握复习要求，夯实基础，注重提高，实现高中政治学科复习教学效果的稳步提升。

一、准确把握学科考试说明的要求

当前的高考，题型越来越灵活多变，难度不断提高，对学生的要求也越来越高，因此一些高中政治教师便产生了一种迷茫的感觉，不知道高中政治学科复习教学的方向在哪，手足无措。其实，不管高考如何变革，总要遵循一定的规律，只要把握好这一规律，把握好考查的方向，那就一定能够提高高中政治学科复习教学的效果。而这个规律，就是《普通高中思想政治课程标准》和高考《考试说明》。因此，引导学生搞清纲与本的关系，对搞好高三总复习尤为重要。高考总复习要重视课本，但又不依赖于课本。笔者经常给学生讲，即便是你把政治的课本都背会，高考也不一定会取得好成绩。因此，在总复习中教师应引导学生深入分析，研究《教学大纲》和考纲，对照近五年的高考试题和课本上的重点知识，找出知识点和考点，把课本知识进行适当的深化和提高。抓重点、抓规律、抓知识，进行归纳小结，抓知识点和考点的联系，不让学生死记硬背。结合《教学大纲》和《考试说明》的内容，合理分散教材的难点，强化知识的重点，对知识点的处理应源于教材、高于教材。明确考试目的、能力要求和考查内容，力求抓住知识点、考试点、能力点、德育点、实际点，不猜题、不压题，不让学生做死题，少走弯路，以求实效。

二、完全发挥政治教材的作用

高中政治教学的基础和最为重要的载体，便是高中政治教材。同时教材也是高考试题命题的主要来源，高考中的所有试题都是通过对高中政治教材中的相关知识内容进行整合、加工而形成的，因此高中政治学科复习教学一定不能舍本逐末，忽视了高中政治教材的重要作用。一旦忽视了高中政治教材的基础作用，那所有的复习教学都成了无源之水、无本之木，都失去了其应该具有的实际效用。多年来的各种分析说明，相当一部分学生在答题中的一些失误，并不是因为缺乏灵活的思维和敏锐的感觉，而恰恰是因为对《教学大纲》中规定的基础知识、基本概念、基本理论的掌握还存在某些欠缺，甚至有所偏差。因此我们的复习不能沉溺于复习资料而忽视课本，在复习每一课的时候必须重温课本中的内容，不仅要弄懂课本中提供的方法，还要弄清原理是怎么来的和主观题的解答要领。对思考题要掌握解思路，解题时如遇到困难，应该要树立优先向课本请教的意识，通过课本来查明知识和方法上的缺陷，尽可能把问题回归到课本中的例题、思考题中。而各种试题大多来源于课本上的知识、原理，复习中只要将基础知识、基本理论弄清，再结合反复训练便会大有所获。但我们要注意的是，回到课本不是要对课本知识死记硬背，而是要以课本为复习的支撑点，按照《考试大纲》要求的知识内容，逐条逐项对照过关，使课本知识内容系统化和结构化，形成结构合理、完善的理论知识网络；回到课本也不是简单地将基本理论重新复习一遍，而是对课本进行重组和整合，内化为自己的知识。

三、高度重视政治课堂讲授的精要精到

仅有高中政治课堂中的教学过程是不足以保证复习效果切实提高的，还必须经过系统的强化训练和反馈。教师应及时发现复习教学中存在的疏漏及缺失之处，并针对所呈现出的问题进行查漏补缺，以实现高中政治学科复习教学效果的有效提升。课堂讲授要精要、精到。精要是指讲清重点、难点、易混点，讲清知识体系，对没有命中的目标“再射一箭”，让知识之树在学生心中扎根，否则，不仅增加学生负担，而且会影响复习进度和课堂容量。精到，就是要讲授到位，横向到边，纵向到底，前联后展。但讲也有尺度，讲得太透，会使学生不劳而获，造成思维惰性，引不起思维的波澜，只是风吹水面而不留痕迹。要通过讲，启迪学生思维，不能让学生摘不到果子，但也不提倡学生不跳就摘到果子，要让学生跳一跳，甚至跳几跳才能摘到果子。课后练习是复习中的一个十分重要的环节，要求学生做一定量的题目，以提高其解答题目的速度和巩固基础知识，这无疑是必要的。但如果整天沉溺于题海，虽做了大量的题目但大多数是生吞活剥，连爬带滚勉强做过去，那么即使以后遇到同样的问题，仍然可能做不出来。题海战术不能提高学生的能力，只能使许多学生消化不良并产生厌学情绪。因此教师首先要跳出题海，认真筛选习题，在“巧”字上下功夫，做到多中求少，少中求优；既要重视知识深度和知识体系，又要注重检查学生对知识掌握的“全”“细”程

度；既有典型性、针对性、层次性，又要具有启发性、时代性符合考试命题趋势和题型变化。力求做到答一疑会一类，练一题习一法，举一反三，从而努力帮助学生走出题海。

总之，高中政治学科复习教学中，教师一定要以《普通高中思想政治课程标准》和《考试说明》作为指导，以高中政治教材为基础，以精要精到讲授为有效手段，切实强化学生在高中政治复习中的学习效果，为学生在高考中取得理想成绩保驾护航。

（此文发表于《成功》2017年第7期）

理性认识现代教育技术

——浅谈现代教育技术对思想政治课教学的影响

重庆市云阳高级中学　邱小清

摘要：现代教育技术已经成为当代教育发展的重要推动力，它可以使抽象的知识具体化、形象化，便于学生掌握，在一定程度上可激发学生学习知识的兴趣，但同时也存在一定的局限性。本文主要是谈现代教育技术在教学中运用所产生的双重影响。

关键词：现代教育技术；思想政治课；影响

思想政治课是一门思想政治性很强的学科。由于传统观念的影响，一谈思想政治课教学，无论学生，还是校领导、家长，都有一个传统的模式：“读一读、划一划、背一背”。这导致的是家长不重视，教师轻视，学生反感，以至于思想政治课成了所谓“最好的休息调节课”。显然，这种传统的思想政治课教学是无法适应社会和学生的发展的。如何使思想政治课与社会发展、学生发展相适应是当代思想政治课教师应思考的。

与传统教育技术对应的现代教育技术指运用现代教育理论和现代信息技

术，通过对教与学的过程和资源的设计、开发、利用、管理和评价，以实现教学优化的理论和实践。它以信息技术为主要依托，包括多媒体技术、计算机技术、计算机网络技术等方面。计算机、多媒体、计算机网络技术等的出现，已极大地影响和改变了人类社会的生活方式，它使传统教学形式、教学手段、教学内容、教材形态直至教学理论均发生了前所未有的变化，可以说是从根本上改变了教育环境和教育方式，引发了整个教育观念的巨大变革。随着教育教学改革的不断深入，当前，以计算机、多媒体、计算机网络为主要载体的现代教育技术正逐渐融入各学科的教学。运用多媒体进行教学，发挥了信息技术独特的、不可忽视的功能，实现多媒体与网络技术为核心的现代教育技术与教学整合，对全面推进素质教育，实现教育现代化具有重大意义。

2000年，教育部部长陈至立指出，信息技术的高速发展必将引起教育的深刻变革。人们现在恐怕很难全面认识这场变革的深度和广度。但是目前多媒体技术和计算机网络技术已经使教育思想、观念、模式、方法、手段等发生了变化。当然，思想政治课也开始运用现代教育技术，这带给思想政治课新的生命力，也在改变着人们对思想政治课的传统观念。

一、现代教育技术推动了思想政治课的教与学的发展

目前，大量新的教学媒体涌现，教育媒体资源日益丰富，已由传统的语言媒体、文字媒体、实物媒体发展到现在的涵盖信息技术的教育技术手段组成的系统——现代教学媒体。现代教学媒体以多媒体技术和计算机网络技术为载体来传递教学信息，它一改以往传统教学媒体的信息传递单调、传递效率低等缺陷，创造出集声、文、图、像于一体的新型教学传递模式。多媒体技术能将电视机、摄像机、录像机、图文传真机、音响与计算机联成一体，由计算机完成视频、音频的采集和捕捉以及数据的压缩，从而实现实时视频、音频。计算机网络技术将多台分散且独立工作的计算机经通信电路连接起来，用来实施“应时”课程教育、远程教育、虚拟现实等。这在很大程度

上改变了时间和空间对教学的限制，给思想政治课的教与学带来新的活力。

1．能更好地发挥教师的主导作用。

即便是最先进的教学媒体也代替不了教师。任何教学机器都必须通过人来操纵。和教师相比，计算机仍处于教学中的辅助地位。对思想政治课来讲，教师的主导作用仍是相当重要的。毕竟，思想政治课本身还带有一定的政治色彩和政治目的，再怎么开放教学，教师的引导还是必须有方向性的。借助现代教育技术，其主要目的在于应用多媒体手段创设一定的具有刺激学生学习兴趣的情境，引起学生的思想共鸣，激发学生进行主动的学习活动。虽然教师的角色变化了，教学方式变化了，但教学过程的各个环节仍需教师组织实施。教师的主导作用不仅没有削弱，而且在使用计算机的过程中对其提出了更新更高的要求。若把教学过程看成一个信息流动的过程，现代教学媒体只是加速信息流动的手段，教师则控制着信息的源头和信息的质量，所以现代教学媒体并非削弱教师的作用，而是使教师的作用发生了转移。教师应从原来注重教材分析和知识的传授转移到注重学习方法和研究方法的传授，指导学生利用现代多媒体和网络技术去获取所需的信息，进而将这些信息内化到学生原有的知识结构中去。

2．能充分地发挥学生的主体作用。

人类的学习活动，是通过自身的眼、耳、鼻、舌等器官，把外界的信息传递到大脑中，经过分析、综合，获得知识的过程。运用现代教育技术进行教学时，教师可以通过利用各种教育传播媒介，如语言、视频、投影等，传递教学信息，而学生则通过多媒体接受教学信息。在这个过程中，学生的眼睛、耳朵、大脑等多种器官都参与到教学活动中来，这不仅可以吸引学生的注意力，而且使学生在单位时间里所获取的知识量大大增加，提高获取知识的效率。同时学生也具有了一定的学习选择权，真正体现了他们的主体地位。

二、现代教育技术不是万能的

尽管现在许多思想政治教师都积极运用多种现代教学媒体，努力改变“一支粉笔、一张嘴、一本书”的教学方式。这种多媒体教学确实能够营造生动活泼的课堂气氛，教学过程更加具体化、细致化和人性化，它能够把思想政治课中不形象的内容形象化，让不生动的内容生动起来。毋庸置疑，它成为思想政治课传统教学的一种补充、完善和发展。但是，现代教育技术教学并不是全能的。经过一番尝试后，我们不难发现这种方法也存在许多不足之处。

1．教学模式没有根本变化。

目前，现代教育技术的运用，并没有突破教师讲、学生听的传统教学模式，教学改革只停留在教学表现形式上。这种教学仍然是学生被动地接受学习，实质并没有改变“以教师为中心”的教学模式，因此，无法贯彻“以学生发展为本”的素质教育新思路。而作为一门智育与德育内在统一的显性德育课程，如果还是停留在以“灌”为主的教学方式上，就是把思想政治课置于封闭状态之中，形成单一的说教模式，没有把学生的思想实际作为思想政治课的出发点和落脚点，这必定会严重淡化和削弱思想政治课在思想教育中的核心地位和主渠道作用。

2．淡化师生之间的情感交流。

现代教育媒体与传统教育媒体相比确实有许多优点。而传统教学中，教师通过自身的肢体语言表达出丰富的情感，可以促进师生的交流，对教学效果起到意想不到的效果。现代教育媒体展示虽可以使知识变得形象生动，但会使学生的想象思维和逻辑思维受到冷落，长此以往会导致学生想象思维和逻辑思维方面的能力缺损，甚至产生对计算机和网络的依赖性。更重要的是，媒体所传输的只是信息，人的情感态度却在传输中所剩无几。现代媒体在表面上拉近了人与人之间的距离，深层次上却使人与人的心理越来越疏远，感情越来越淡漠。因此，在很大程度上，现代多媒体教学会淡化师生之间的情感交流。

3．影响学生思维等能力的发展。

现代教育技术教学具有能充分发挥计算机对文字、图形图像、动画、视频、音频等多种媒体综合处理能力的优势，以及灵活的人机对话的特点，能体现直观性教学原则，满足学生丰富的感官需求。实际上，这种现代教育技术呈现信息的方式易干扰学生的学习，易引起学生注意媒体所展示的美丽的画面、鲜艳的色彩和动听的声音而忽视了学习内容本身。这样，学生的思维活动会减慢，学习主动性降低，想象力和抽象思维能力减弱。如果教师在教学中没有很好地引导学生的注意力，必将会影响课堂的教学质量和效果。

4．增加教师的生理心理压力。

由于受到教师自身因素、经济条件、学校设施等因素的影响，有些教师在日常工作中无法常用现代多媒体进行教学。以致有时在重要的开课或教学评比中，教师运用多媒体教学出现失误，这会给教师造成极大的压力。如果说，这是由于教师对教学中运用多媒体手段活动的效果没有信心。不如说，这个缺陷的实质是教师无法实现用最少的时间和精力耗费取得最大的教学效果，特别是新的技术手段被采用于课堂教学之中时，由于技术本身的不成熟和教师操作方法的不熟练导致教学效果不够理想，平添许多不必要的麻烦，反而使教学效果事倍而功半。

现代教育技术教学与传统教学并不存在绝对的孰优孰劣之分，只是在功能特点上存在着差异。教师要根据不同的教学内容来选择适宜的教学媒体。对于现代教学技术而言，它是时代发展趋势，对于用语言难以讲述清楚的知识，借助现代教育技术，可以变抽象为直观、形象，可以推动教育教学的发展。对于通过人们的直观或感性认识就可以理解的知识，传统的教学媒体仍然有着用武之地。如果使用得当，古老的教学媒体——黑板也会焕发出生机。我们应根据教学功能特点来选择教学媒体，使它们扬长避短、互为补充，有机地结合在一起，而不是盲目地强调单一的教学方式。这是现代教育发展的必然要求。

参考文献

1、周宗伟．关于教育技术的人文反思［J］．电化教育研究，2019（4）：8–13.

2．张铭．浅谈计算机多媒体辅助教学对传统教学的影响［J］．教育现代化，1998（1）：35.

高中政治教学实践中培养学生社会责任感的方法解读

重庆市云阳高级中学校　申聪慧

摘要： 在高中政治教学实践中，我们如何培养学生的社会责任感？本文认为，应该让学生真正地走入生活。对于在学校参与学习活动的高中学生而言，他们的学习空间、生活空间都非常有限。让他们走入生活，就需要作为教育者的教师积极地创设各种学习活动，应用于课堂教学，为学生展示真正的社会现象；通过积极应用现代教育技术，丰富学生的生活阅历；积极开展实践活动，让学生通过角色扮演，通过参与各种相关的实习活动，促使学生品味百味人生；还可以模仿一些相关的活动，帮助学生生成切实的生活体验。这样的教育活动，既可以实现德育教育目标，还可以帮助学生拥有社会责任感。本文就对高中政治教学实践中如何培养学生的社会责任感进行了分析。

关键词： 高中政治；教学实践；学生；社会责任感；方法

在开展高中政治教学实践时，笔者认为，教师不能仅仅让学生纸上谈兵，仅仅关注高考问题，还需要让学生去关心生活，拥有社会责任感，让学生带着大我情怀，离开小小的课堂、小小的学校。高中学生是未来社会的建设者，他们需要大我情怀，他们需要勇于承担社会责任，他们需要拥有生命意识，既明了自己的权利，也明了自己需要承担的责任。由此可见，在高中政治教学实践中，教师要积极进行突破，摆脱传统的应试教育的束缚，让学生拥有积极的社会责任感，让学生拥有解决问题的方法与理智；让学生能够在离开学校之后，积极投入社会生活中，客观地看待自己的生活问题，客观地看待社会现象。本文就对高中政治教学实践中如何培养学生的社会责任感进行分析。

一、抓住社会热点问题开展辩论活动

对于高中生而言，社会热点问题往往会不自觉地融入他们的学习与生活中，他们会接受来自各个渠道的信息，收集人们对于相关问题的看法。但事实上，这种收集方式中，学生只是被动地接受，学生的个人看法并没有得到展示。笔者认为，要想提升学生的社会责任感，不能仅仅让他们被动地听到、看到，还需要让他们能动地想到、感悟到。而要实现这种转变，教师就要抓住生活中的热点问题，让学生积极地进行辩论。通过观察，我们会发现，实现这一目标的过程中，课堂教学有极大的优势。

二、引领学生参与社会实践

通过观察，我们可以发现，在传统的高中政治教学实践中，学生的学习空间往往就集中在课堂上。这种学习方式看上去是浓缩了所有教育元素，让学生享受到了一种快餐式的学习“盛宴”。但事实上看来，很多社会问题、很多生活问题，都被隔离在学生的学习空间之外，对于学生生成积极的情感和拥有成熟的思想产生了负面影响。因此，我们要打破这种传统，让学生走出课堂，去拥有丰富的人生阅历、生成真实的感受。比如，学生进入高一后，学校可以利用寒假组织高一学生进行职业生涯调查。起初，大部分学生会认为每一项职业都是轻松而有趣的，然而通过一定时间的跟岗医生、私营企业主、健身教练、外卖小哥、工程师及超市收银员并认真分析调查数据后发现，无论是平常的职业还是耀眼的职业背后，都充满了不为人知的辛酸和苦楚。这样的调查活动带给学生的不仅仅是对不同职业的了解，更是对自己今后职业的思考，为学生将来走向社会打下坚实的知识基础。学校还可以组织高二学生进行公益远足，通过一天的长途跋涉，不仅培养学生的坚韧的毅力、团队合作的精神、吃苦耐劳的品质，同时学生每走一公里，企业就捐出一元钱，从而培养学生的公益意识和社会责任感。到了高三，学生即将成年走向社会，学校可以举办成人仪式，让学生懂得一个成年人对家庭、对社会、对国家应尽的责任与担当；懂得作为一个公民，作为国家未来的主人翁应有的权利和义务。回味在校的三年时光，学生潜移默化地感受到随着自我成长，作为一个公民应该承担的社会责任。

三、借助信息技术丰富学生的成长体验

通过观察，我们可以发现，在当前的教育环境中，教师可以借用的素材越来越丰富。很多社会活动都可以成为学校教育的相关资源，从而突破学校教育的局限。教师可以积极借助信息技术，也可以通过类比学生已有的生活体验，让他们拥有的生活感悟进一步上升为大我情怀，帮助学生建构更为完善的情感和思想体系。例如，“行走的格桑花”项目，该项目是由青海省格桑花教育救助会发起的大型公益活动，旨在帮助青海的贫困学子接触高原之外的世界。这种活动不仅仅可以荡涤学生的心灵、激发学生的公益情怀，也是增强学生的民族团结意识、加深爱国主义教育的真实体验。在这种自觉性的公益类社会活动中，学生深受感染和教育，自身的社会责任感随之增强，思想道德修养、文明的风尚逐渐形成。这样的集体活动既能促进教学内容和形式的有机结合，也可以培养学生乐于为他人服务、为人民服务的意识和习惯。我校的学生虽然没有亲自参加这样的活动，但是因为有了信息技术资源做支持，我们可以将这些活动的视频展示给学生，通过教师的积极引导，通过学生间的积极讨论，形成极强的代入感，让学生与活动中的参与者一起成长起来

综上所述，在高中政治教学实践中，我们要关注对学生社会责任感的养成。而通过观察，我们也可以发现，高中政治教学在这一方面存在无法取代

的学科优势，对于学生快速成长和拥有成熟的思想有极大的帮助。

参考文献

［1］谷晓凤．教师学科教学知识来源及教学知识图式比较研究［D］．新疆：新疆师范大学，2011.

［2］潘月兵．普通高中政治教师阅读状况及相关问题研究［D］．曲阜：曲阜师范大学，2012.

（此文发表于《最漫画·学校体音美》2018年第14期）

高中政治课堂中提升教学效率的方法初探

重庆市云阳高级中学校　申聪慧

摘要：课堂是教师开展教育活动的主要场所，在这个场所中教师可以和学生面对面地进行交流，虽然教师很难将自己的教育活动公平地施加到每一个学生的身上，但每一个学生都会在教师的身上获得积极的影响。在开展高中政治教学实践时，教师要积极地进行改革，通过展示相关的案例，通过构建交流课堂，通过与学生一起深入实践，帮助学生拥有成熟的思想。要想实现高中政治教学目标，教师还需要将课堂作为教学活动的主阵地，将课堂有限的时间充分地利用起来；应用自己的主导价值，促使教学效果不断提升，帮助学生具备应试能力与创新能力，让学生能够拥有自己的个性化思想并且将其作用于自己的生活。本文就对高中政治教学实践中如何提升教学效率进行分析。

关键词：高中政治课堂；教学效率；方法

在开展高中政治教学实践时，教师要改变传统的教学方法，让学生在学习活动中成为主体；引领学生进行案例辨析，帮助学生拥有辨析能力，促使学生思想不断深化；引领学生去了解社会中的热点问题，让学生具有生活气息，能够将自己的课堂所学与生活中的实际现象进行整合，从而拥有生活能力和社会责任感；还要引领学生积极参与讨论与探究，让学生个性化的思想越来越完善，并且作用于自己的生活；培养学生的自信心。对于正处于青春期的高中学生而言，他们需要这样的高中政治课堂来引领他们的思想逐渐变得成熟，引领他们走入现实生活。那么，在高中政治教学实践中，教师应如何才能构建高效化课堂呢？本文中，笔者结合自己的教学心得对此进行了分析。

一、借助案例实施课堂教学

在开展高中政治教学实践中，案例教学法是我们应用最频繁的教学方法。这种方法最大的优势就在于让学生能够解读生活中的现象。教师在开展高中政治课堂教学实践时，对案例教学法既要积极地加以应用，还要积极地加以改革；在向学生展示案例的过程中，为学生拓展自主学习空间，引领学生参与积极的讨论与交流，让学生在更深层次上把握住生活现象的内涵。例如，在教学“生活与消费”中关于货币的知识点时，笔者在课堂教学中引出了如下案例：在社会经济发展的推动下，物价也随之水涨船高，汽油的价格已经上涨为每升4.6元，电的价格上涨为每度0.55元。徐老师的住宅距离学校大约10千米，因坐公交车不便于每日上下班，便有意购置一辆代步车，目前可考虑的交通工具有电动自行车、燃油摩托车和小型汽车。已知三种交通工具每百公里耗电（油）量分别为8度、3升和9升，请问徐老师该如何选择代步车？针对这个案例，笔者组织学生结合生活常识和所学知识点进行探讨和交流，在探讨的过程中，学生既能够掌握本节课的重难点知识，又能够锻炼和发展自身素质和能力，为核心素养的形成奠定基础。

二、让学生解读时事政治新闻

现有的教材资源虽然经过专家精心的编制，虽然每一个案例都有学习价值，但是它也存在着非常突出的不足。这个不足之处就是学生难以在学习教材资源时了解社会中的热点现象，它与我们的现实生活存在脱节。因此，笔者认为在开展高中政治教学实践时，教师要及时向学生展示时事政治新闻，用学生最关心的话题、用学生身边的话题，提升学生的学习参与度，让学生在学习过程中成为主动型的学习者。例如，在教学“走进国际社会”这一课的时候，笔者便结合当时比较热门的时事政治新闻——“萨德事件”，引导学生对中韩之间的国际关系现状进行探讨和交流，给政治课堂灌注时事血液的同时增强学生的理论实践能力。首先，笔者详细介绍了这个事件的整个过程，让学生对此有比较详细的了解；其次，提出问题“是什么导致了‘萨德事件’”，使学生的研究重心聚焦在“萨德事件”发生的原因上，此时学生需要结合所学的理论知识对“萨德事件”的本质进行深究，从而了解事发原因；最后，让学生结合此事件分析中韩国际关系现状，从而加强学生对国际关系的理解与掌握。与此同时，学生在分析诸如“萨德事件”的时事政治新闻的过程中也能够激发起强烈的爱国之情。

三、开展辩论赛

高中学生有个性化的思想，有个性化的感悟，他们对于同一个问题会从不同角度去进行观察与辨析。笔者认为，在开展高中政治教学实践时，教师要为学生展现个性提供空间，让学生的个性逐渐成为学生的创新能力之一。在这一过程中，笔者给出的建议是，教师可以经常开展辩论赛，通过给学生一个有价值的课题激发学生的灵感，通过引导学生积极地展示自己的个性和思想帮助学生成熟起来。例如，在教学“文化与生活”这一章节的时候，考虑到本章节的教学核心在于帮助学生理解文化和生活的关系及文化给社会生活带来的影响，笔者便在课堂教学中组织学生以“传统文化”为主题开展主题辩论活动。活动选举两队学生为正方和反方，分别以“传统文化有利于社会生活的发展”“传统文化不一定利于社会生活的发展”为辩题展开辩论。针对这两个辩题正反两方的学生需要提前搜集与此相关的材料，为辩论活动的开展做好准备，从而更好地展开辩证和论述。

综上所述，在高中政治教学实践中，教师要利用好课堂教学的优势，将教育元素综合应用于教学实践活动，促使高中学生的个性能够得到积极的培养，促使学生能拥有学习的自信心，促使学生能够将自己的创新能力作用于自己的生活，帮助学生拥有核心素养。

参考文献

［1］刘丽. 政治教学培育学生核心素养应把握好的“三个关键［J］. 教学与管理（理论版），2017（7）：84-86.

［2］谢先念. 核心素养视域下高中政治教学方法研究［J］. 中国校外教育，2018（11）：69.

（此文发表于《当代旅游》2019年第2期）

高中政治课堂教学策略探究

重庆市云阳高级中学校　熊建

摘要：随着经济社会的快速发展，各界对人才的需求数量增多，对人才的质量要求越来越高，相应地教育界也在发生着日新月异的变化，新课改呼唤着广大教育工作者致力于课堂的优化和更新。高中政治作为实现学生德育、智育的重要途径，提高教学质量、优化人才培养方式对学生发展具有重要意义。本文从实际出发，结合高中政治课堂教学要求，从多方面探讨如何创新政治课堂教学，培养高素质人才。

关键词：高中政治；课堂教学；策略

高中时期是人生成长和进步的关键阶段，这一特殊时期的教育教学备受各界人士的关注，而高中政治是一门具有先导性、全局性和战略性的学科，在高中阶段承担着众多的职责和任务，尤其是在带动各学科发展方面的作用更是不容忽视，因此优化高中政治课堂教学也显得尤为必要。高中政治教师要结合课堂教学实践，不断地思考、探索、创新教学模式，彻底扭转部分学生一上政治课就恹恹欲睡的被动局面，选择具有时代特色的教学目标，旗帜鲜明地为优化课堂教学服务，尽快在优化课堂教学的历程中找准自己的位置，为保证课堂教学的质量和任务献计献策，从而培养高中生的基本政治素养和思想道德素质，以满足基础教育课程改革和建立创新型国家的强烈呼吁。

一、转变教学观念

随着新课改的不断推进，教师必须坚持以学生为主体的教学理念，引导学生主动向知识迈进，而不是让学生被动接受知识。此外，教师要改变自身的角色定位，由传统的“传道、授业、解惑”的权威者，转变成学生学习知识的组织者和引导者。在向学生传授知识的时候，教师应注重引导和启发学生主动学习知识，培养学生的自主学习能力和创新能力，让学生学会举一反三、旁征博引，并能在主动参与课堂教学的过程中，得到自我教育的机会，从而提升自身价值。只有这样，教师才能让学生在高中政治课堂教学中形成乐学、勤学、爱学、善学的良好习惯和学习氛围，进而提高高中政治课堂教学的实效性。

二、优化课堂教学引导环节

高中政治教师受长期以来应试教育的影响和制约，对课堂教学的掌控能力比较差，面对课堂上的偶发事件往往不知所措，同时仍采用“填鸭式”“灌输式”教学模式，这种传统的教学方式虽有成效，但对课堂教学的优化没有起到明显效果，对学生积极性和创新思维的发挥也产生了消极的影响。死板、僵硬、乏味的教学方式已经成为优化课堂教学的桎梏，优化课堂教学引导环节成为必然手段。随着新课改的实行，要求教师抛弃“满堂灌”的教学方式，在精讲的过程中，充分展现学生的主体作用，提高学生学习热情，将被动学习转换成主动学习。在这个过程中，精讲要求具有很好的逻辑性，保证教学内容准确无误的同时，抓住教学关键、重点、难点。例如，在讲解“奴隶社会是历史的进步与倒退的象征”时，因该节课涉及很多内容，教师只要抓住生产力，就能明确历史发展，说明它是进步的。为了优化课堂教学成果，教师在引导课程教学的过程中，必须做好质疑、训练、方法、方向与思想工作，在抓住教学契机的同时，抓住教材关键内容以及重要环节。对于大部分学生来说，都存在着学习刻苦，成绩却提不上去的现象，出现这种状况的主要原因是学习方法不对。因此，在高中政治课堂教学中，教师必须做好引导工作。首先，教师必须让学生注重学习模式，通过课前预习，从源头上做到心中有数，在认真听讲的同时，做好课后复习，巩固已学知识与训练过程。其次，在课堂训练中，教师必须做好习题训练，从而进一步提高教学质量。

三、运用多媒体技术教学

在高中政治课堂教学中，教师运用多媒体技术，可以促使学生更好地理解教材内容。因为多媒体技术集声音、图片、视频、文字于一体，能将抽象、深奥的知识形象化和具体化。此外，在高中政治教学中运用多媒体技术，不仅可以增强政治课堂教学的感染力，还能提高高中政治课堂教学的实效性。例如，在讲解“诚信经营对企业生存和发展的意义”这一部分内容时，教师可以利用多媒体，给学生展示一些有关婴幼儿服用含有三聚氰胺的三鹿奶粉而使身体受损的图片。然后，教师利用多媒体向学生展示了一些有关三鹿集团宣告破产的新闻报道的图片。通过多媒体的丰富资讯，学生可以真正认识到诚信对于一个公司的重要性，并深刻理解诚实守信是现代市场经济正常运行的一个不可或缺的组成部分，企业如果想利用不正当的手段来谋取利益，不仅无法获得真正的成功，还会受到法律的严惩。

四、立足生活实际

《普通高中思想政治课程标准》对政治教学有明确的指导思想和理念，

要求“课程要立足于学生现实的生活经验，着眼于学生的发展需求，构建学科知识与生活现象、理论逻辑与生活逻辑有机结合的课程模块”。作者曾选取了“投资的选择”这一课时作为分析对象开展课堂辩论大赛。教师在课堂讨论前，可以先和学生自由交谈，制造讨论氛围，情景可以这样设计：“同学们，现在老师正在为钱的投资问题发愁，大家说说你们的投资方案让我参考参考。”这就拉近了教师与学生的距离，形成讨论的氛围，便于课堂教学的进行。教师可以具体说：现在拥有20万元存款，没有房产，没有小车，正所谓一人吃饱全家不饿，但是钱放在银行里容易贬值，很不划算。而这笔钱完全可以投资产生更大的价值。同学帮我想想投资的选择。说说你们的投资想法是什么。通过前面的学习，学生开始对20万元进行投资分配，这个过程大概占去5分钟的课堂时间，然后让学生介绍自己的投资分配方案。通过讨论交流形成了三组意见：第一组学生认为应该买房子，第二组学生认为应该买股票，第三组学生认为应该买保险。待学生将自己的理由陈述后，教师可对各方观点进行点评：当前社会投资的主要物品就是房子，但房价已经不便宜了，从生活与消费方面说，人有从众消费心理；从供给与需求方面来说，商品价格是有变化的，房子的供给与需求变化会造成房价的上升和下跌。接下来，教师还可以反问第二组学生，股票是谁发行的？公司为什么要发行股票？在点评过程中，教师将教学活动置于现实生活背景之中，让学生以生活主体身份参与教学活动，把教学融入现实生活，把生活引入课堂教学，达到政治教学生活化的教学目的。

五、结语

高效政治课堂与传统政治课程相比，其基本理念与具体内容都发生了很大变化，这些变化对于广大高中政治教师来说无疑是一个巨大的挑战。教师只有采用多种方法，提高学生的主体参与性，才能使政治课堂绽放无穷的魅力。

（此文发表于《中国科技经济新闻数据库教育》2017年第12月06期）

参考文献

［1］马亚春．新课程背景下高中政治课堂教学方法探究［J］．新课程：教育学术，2011（3）：39–40.

［2］李桃．高中政治课堂教学策略研究［J］．南北桥，2017（1）：51–51.

［3］张博．新课程改革视野下高中思想政治课堂教学方法有效运用研究［D］．重庆：重庆师范大学，2013.

思维导图在高中政治教学中的运用

重庆市云阳高级中学校　熊建

摘要：高中政治教材的每个章节之间都存在着紧密的联系，但由于课时的限制以及传统教学模式的束缚，教学中知识点之间的内在联系无法直观地展示出来。思维导图的应用能够很好地解决这一问题，教师在教学中要充分发挥自身教学艺术，合理、科学运用思维导图优化高中政治课堂教学，提高教学质量，帮助学生学好政治。

关键词：思维导图；高中政治；运用

高中政治的教学内容抽象且理论性较强，学生的学习兴趣低，随着新课改的深入推进，高中政治教师必须面对这些客观情况，要敢于革新教学思想和教育观念，想方设法地提升教学的质量和水平。思维导图，又叫心智图，是表达发射性思维的有效的图形思维工具，通过利用线条、边框把主要知识点联系起来的方式，可以让学生学习起来更加方便高效。它通俗易懂，可以激发学生的学习兴趣，减少学生的记忆时间，提高学生的记忆效率，总之，它不仅提高了教师的教学效率，还减轻了学生的学习负担。本文从实际出发，结合高中政治教学要求，从多方面探讨如何有效运用思维导图提高教学质量。

一、运用思维导图激发学生学习兴趣

在传统的以教师为主体的教学模式中，学生生硬记录教师讲解的教材知识，这导致学生的思维不活跃，学习兴趣不高，学习效率较低且课堂教学效果不尽如人意。因而激发学生的学习兴趣，让学生积极参与课堂教学，是教学改革需要关注的重点。思维导图作为知识的动态生成，绘制时涉及关键词、关键句，且绘制中要使用各种不同的线条与颜色，若让学生参与思维导图的绘制，无疑能够增强教学的趣味性。只有学生主动参与并在不断的领悟中生成思维导图，才能够最大限度地帮助学生深刻理解知识。此外，不同学生对同一知识点的理解和思考也各不相同，制作出来的思维导图自然存在差异，这也表现了学生的个性，教师可利用这一点组织学生展示各自的思维导图、互相交流，以更好地推动教学。学生制作完成简单版的思维导图以后，教师可以鼓励学生按照自己的理解加入自己的创意，并在此基础上制作新的、更翔实的思维导图。最后，教师安排时间让学生互相交流制作时的想法。

二、运用思维导图梳理知识点

高中政治的内容很多很杂，如果没有较好的记忆方法，学生很难记牢所学知识，更不能将所学知识灵活运用。所以，教师在教学的过程中需要运用思维导图，将学生所学内容进行梳理，帮助学生学习。例如，笔者在讲解政治生活的“我国公民的政治参与”一课时，就用到了思维导图。笔者先向学生讲述在这一课中主要知识点是民主选举、民主决策、民主管理、民主监督四个主要部分，然后再将每个部分分别进行讲述。民主选举中有选举的方式，教师应向学生讲述公民为什么要珍惜选举权以及如何珍惜自己的选举权；在民主决策中，主要知识点是参与民主决策的方式，其中有四个制度，教师应列出四个制度的优缺点，还有公民参与民主决策的意义，其中包括对决策者和公民的意义；在民主管理中，我国实行村民自治制度和城市居民自治制度，这块的知识点包括村委会的定义、产生方式、决策方式、决策原则、如何管理和如何监督六个方面，以及居委会的产生、决策、监督、意义四个方面；在民主监督中，知识点包括监督的四种方式、原则、意义。最后，是关于这四个部分总的一个知识点：公民如何有序进行政治参与。教师将这节课的内容进行模式化，有利于厘清学生的思路，让学生清晰了解本节课所学到的内容，做到认真预习，在课中认真学习认知模糊的知识点，提高学习效率。通过这节课的讲解，教师可以整理自己的思维思路，学生也可以发现自己思维的不足，从而充分发挥自己的主体能动性，认真厘清学习内容，提高学习效率，培养政治思维。

三、用思维导图解析难点知识

政治知识比较抽象，大多学生难以理解其中的概念，不会学以致用，容易产生厌学的心理，这制约了教学效率的提高。在复习课上，政治教师的一个重要任务就是帮助学生解析难点知识。为了激发学生分析理解难点知识的积极性，教师可以指导学生主动勾画思维导图，主动去寻找书本的关键句、关键词，并且运用多样化的线条，直接或间接地表达知识点之间的联系。由于学生的思维习惯、知识结构、认知过程和学习喜好的差异，在思维导图的勾画上也有区别。教师应注意引导学生勾画思维导图，帮助学生理解、识记和应用其中的难点与核心知识。

如学习“价值规律”一节时，这节的知识点是经济常识中的难点、重点，涉及以后商品经济的学习。枯燥的文字、抽象的概念、晦涩的理论，让学生很难理解价值规律所涉及的概念和概念之间的关系。为此，教师可以指导学生在阅读价值规律内容的时候，用思维导图把概念之间的关系勾画出来。首先，价值规律的基本内容是：商品的价值量由生产商品的社会必要劳动时间所决定，商品交换则以价值量为基础，遵循等价交换。其次，价值规律的表现形式是：商品的价格受商品的供求关系影响，并围绕商品的价值上下波动。通过形象、直观的思维导图，学生可以清楚看见价值规律这一内容中的社会必要劳动时间、价值量、等价交换、供求关系、价值这些概念之间的关系，从而掌握价值规律这一知识点。

四、提高复习效率

思维导图着重点与点之间的关系，在厘清关系的过程中，教师应侧重对学生能力的培养，强化方法的掌握。在罗列知识点的同时，思维导图能够以更加规范、具有美感的文字结合图片等形式帮助教者、学者整理知识点之间的联系。如在复习高二“哲学辩证唯物主义”这一重要章节的时候，为了让学生更好地掌握和区分该节内含的四大知识版块的内容，笔者让学生边分析边归纳，把复杂内隐的思维过程呈现出来，在一定程度上实现了隐性知识的可视化、显性化。通过使用思维导图，学生不再被动地去记下教师的每句话和阅读一连串长长的句子，而是积极地对关键字进行加工、分析和整理，并和教师积极对话，这不仅为学生对知识点的正确认识、深入理解和运用以及深入再学习提供了有利依据，更是提高了学生的逻辑记忆效率和能力发展。

五、结语

教师应结合现有的教学资源和条件来丰富教学模式，挖掘学生的潜能，将以思维导图为代表的教学工具的作用发挥最大，以培养学生正确的思维习惯，推动教育事业的发展。

（此文发表于《中国科技期刊数据库科研》2017年第12月09期）

参考文献：

［1］高岚，赵丹妮．思维导图在高中政治课教学中的运用［J］．教育实践与研究，2015（3）：63-64.

［2］岑海明．简论思维导图在高中政治教学中的运用——以《经济生

活》教学为例［J］. 广西教育，2016（1）：106–109.

［3］魏巍. 思维导图在高中政治课堂应用中的现状及对策初步研究［J］. 教育教学论坛，2017（6）：275–276.

基于新高考选科制度下高中思想政治教学的学科整合及策略

重庆市云阳高级中学校　熊建新

摘要：当前我国的教育教学在全方位探索和实施中，新的课程标准真正与整体的高考选科制度联系起来，全面探索新的教学路径，才能更好地转变教学形式，适应当前教育教学改革的趋势。本文结合高中思想政治课程的教学实际，探索本学科与其他学科之间的关系，立足新高考选科制度的教育教学背景，进行全方位改进和调整，让各学科之间形成高效的协调机制，形成有机联系的整体，确保各个方面更好地为学生的深度学习服务，以全面提高整体课堂教学的效率和质量。

关键词：新高考选科制度；高中思想政治；教学；学科整合

课堂教学改革，已经紧跟时代的发展，不断地发生转变，以适应新的教学内容。全面研究新的教学思路，才能确保整体的教育教学效率得以持续上升。教师应立足当前新高考选科制度，深度地进行课程的研究和分析，要以归纳和总结教学经验为主，不再单纯地进行知识的灌输，而是保障各学科之间密切地协调起来，形成强大的吸引力，促使学生的学习质量和效果得以全面提升。在高中思想政治课堂教学的发展中，根据本学科的特征，结合新高考选科制度的内容，全方位进行变革和优化，才能加强与其他科目之间的联系，寻找到新的教学出路，不再单纯地让学生对知识死记硬背，而是充分体现以学生发展为本的教育教学思想，进行大胆的革新，以更好地协调与其他科目的关系。那么在新高考选科制度下，思想政治学科与其他学科的协调教学有何必要性，又应采用哪些策略得以推进呢？

一、新高考选科制度下思想政治学科与其他学科协调教学的必要性

从新时期教育教学的发展状况来看，传统的教学模式已经无法适应新高考的选科制度。探索新的思维，注重整体教学过程和质量的提升，显得十分重要。在传统的高中思想政治教学实践中，我们关注的是专业知识如何变得深而精，无法有效实现学科间的高效协调教学，阻碍学生的学习思路的发散，导致学生不能进行知识的融会贯通，而学生的主体意识也无法得到体现，致使学生在学习学科知识中思维受到严重限制。针对这一情况，高中思想政治教师应全面研究新高考选科制度的内容，并立足教学实际协调好与其他学科的关系，加强对学生的引领，意识到开展此项活动的重要性，并对内容进行全方位的优化。其必要性表现在以下两方面。

（一）能够全面进行高考科目间的改革和创新

新一轮的高考改革已经如火如荼地开展起来，研究出新的教学思想，探索新的教学模式，才能打破课堂教学的局限性，深度地进行课程的改革和创新，促使课堂教学焕发出强大的力量，真正为学生带来新的契机和发展方向，提高课堂教学的实际效果和水平。新高考选科制度下，高中思想政治学科与其他学科之间的协调教学，能改善和调整教学思路，形成强大的知识网络体系。教师应不断地进行科目间的改革，融入创新性的教学观念，全方位进行更新和转化，让学生更加积极地参与课程的探索，找到适合自己的教学方法，以全面提高高考科目之间的协调效果。

（二）能够高效实施高考科目之间的有机协调

课堂教学的形式，在新高考选科制度的影响下，得以全面的转变，科目之间的协调度得以全面的提升，在这样的环境下，学生的综合能力必然会持续地上升。在实际的高中思想政治课堂教学实践中，教师需要对新高考选科

制度进行科学化的探索，并总结出新的教学思想，立足教学实际，深化课程内容，促使高考科目之间的有效衔接，灵活性地进行安排和设计，真正把握教学契机，为学生提供更为便捷的学习方式，以实现整体课堂教学观念的更新和转化，从而高效地实现高考科目之间的有机协调。

二、新高考选科制度下思想政治学科与其他学科的协调教学的具体方法和策略

伴随着新课程改革的全面推进和实施，我国的新高考选科制度得以全面开展和运用，因材施教的教育思想，真正与学科教学融合起来。在全新的教学体制下，学生的主观意愿得到充分的尊重，而课堂教学之间的联系也越来越密切，各学科之间的协调教学如火如荼地开展起来。高中思想政治教师想要全面进行课程的改革，就要积极地进行创新和实践，努力与学生建立伙伴的关系，要明确新高考选科制度的内涵并制定清晰的方向，力求采用不同的方式与其他学科进行协调教学。具体的方法和策略如下。

（一）合理化的划分，奠定思想政治学科与其他学科协调的基础

新高考政策充满活力和生机，能够针对不同层次的学生，全方位进行学科的选择，促使各学科之间的协调得以全面的开展和实施。对于高中思想政治科目的教师来说，需要通过不同的方式进行新高考选科制度的研究和分析，教材要做到因材施教，意识到学生在学习知识之中的不同之处，确保课堂教学处于动态发展之中，能够开发学科教学的特色，真正打开思想政治学科与其他学科之间协调的大门，促使学生更加积极地适应自己所挑选的科目，能够找到自己最佳的学习点，也能很快地把握学习的方向和规律。教师要加深对学生的了解，让学生身心轻松地掌握学科的内容，提高学生的学习成绩和效果。比如在学习和划分中，教师需要通过合理化的方式进行设置，要让学生意识到学科间协调的价值，让学生拥有话语权，实施动态的管理，在挑选科目中能够发挥个人的优势，为学生提供便利的条件。这样一来才能很好地协调思想政治学科与其他学科之间的关系，以奠定其基础。

（二）巧妙性的改革，促使政治学科与其他学科协调的实施

新的教育教学理念，不再单纯地追求学生的学习结果，而是更加注重学生对知识的掌握和理解情况，确保改革得以升华。特别是新高考选科政策的推进和实施，真正与全新的新课程标准结合在一起，制定出明确的大纲，帮助学生重新组合和梳理知识体系，挖掘出重要的教学思想，并指导学生进行高效的学习。在新高考选科制度下，协调好思想政治学科与其他科目之间的关系，能够不断地挖掘和提炼教学内容，完善学生的知识结构，确保改革真正深入学生的实际中，强化学生对原理的准确把握，帮助学生逐渐巩固学习的基础，以深度满足高考的大纲要求。比如在进行一轮又一轮的思想政治复习中，教师可以不再要求学生死记硬背，而需要通过与其他学科之间的协调，让学生建立起思想政治模型；帮助学生关注知识的形成过程，以学生的自我发展为目的，这样一来可以很好地巩固学生的学习效果，让学科之间的协调可以全面实施和开展。

（三）创新性的研究，推进思想政治学科与其他学科协调开展

课堂教学的现代化特色越来越明显。注重学科之间的协调，运用先进的教学手段进行变革，才能让学生的思维处于发展之中，而整体的课堂教学实践性才会更加明确。在新高考选科制度的教育教学背景下，高中思想政治课程需要通过现代化的教学手段加强与其他学科之间的联系。如以形象生动的方式，为学生带来深刻的体验，把抽象的原理以不同的方式进行客观的描述，成功地吸引学生的目光，触动学生内心积极的情绪，让学生在丰富多彩的世界中自由发展。教师要真正确保各学科之间的有机统一和结合，形成指导学生前进的动力和源泉。比如在进行“文化的创新”课堂教学中，教师可以通过现代化的技术与历史课程联系起来，让学生通过形象的视频了解文化的发展和创新，并以此为契机进行文化教育的宣传和引领，帮助学生树立起浓厚的学科意识，促使学生更加积极地投身到传承和发扬优秀传统文化的重任中，以更好地协调政治与历史课程之间的关系。

（四）高效性的反思，加强思想政治学科与其他学科协调的力度

任何教学都需要通过不同的反思，进行课程的归纳和总结，形成完善的教学机制。教师应帮助学生构建知识网络体系，尽可能地减轻学生的学习负担，让学生真正进入最佳的学习状态中。在高中思想政治课堂教学实践中，教师需要全方位优化高考选科的教学策略，并灵活地与各个学科联系起来，通过不同的反思方式把握课程的规律，充分展现学科教学的可操作性，很好地变革课堂教学的形式，让学生能够还原课程的特色，以更好地保障思想政治学科与其他学科的协调力度。比如在进行“政治原理”相关内容的训练中，教师要尽可能地与其他科目联系起来，让学生通过分类讨论的方式进行课程的融合，同时要及时地进行反思，对问题的内容做出精细化的设计，要确保协调度不断提升，以巩固学生学习政治的成效，让学生从中受到启发，更加全面地进行课程的延伸和拓展，以提高学生的整体学习质量和水平。

（五）全面性的探索，确保思想政治学科与其他学科协调的落实

为了帮助学生更加积极地运用新的教育教学知识，教师需要通过不同的方式，进行深层次的探索，以提高整体课堂教学的效率。在高中思想政治课堂教学实践中，教师要打破传统教学思维的控制，要借助新高考选科政策的优势，全面“锤炼大纲”。此外，教师要引导学生进行全方位的探索，寻找到思想政治学科与其他科目之间的切入点，要在日常训练中适当地进行知识的拓展和延伸，要与整体课堂教学的发展结合在一起，让学生找到学习知识的侧重点，以更加全面地理解知识的本质和内涵。例如，在学习高中思想政治中“公民的权利与义务”这一部分的内容时，教师为了帮助学生对知识展开进一步的拓展和探索，可以对知识进行延伸，与实际的选举进行联系，确保课程的实践性更为明显，同时协调好与数学课程的联系，出示具体的数据图形，让学生进行分析，实现课程之间的整合。这样也能真正实现思想政治课程与数学学科的深度协调，把握教学的方向，提高课堂教学的效率。

三、结束语

总的来说，面对新的高考形势，整体的教育教学体制已经初步形成。各学科之间的联系越来越密切，协调好他们之间的关系，显得十分重要。作为高中思想政治课教师，需要认真地思考新高考的选科制度，研究出与之对应的具体教学方法，结合上述策略，全方位进行教学内容的改进和调整，要与其他学科之间建立有机统一的桥梁，能够抓住新高考带来的机遇，全面转变教育教学思路，真正运用现代化的教学手段，变革课堂教学的形式，不断地提高学生学习思想政治课的效率，以更好地提高和培养学生的综合水平和素质，顺利地达成新高考选科制度的目标和任务。

参考文献

［1］董雪．高中政治新课程教学中的存在问题与解决策略［A］//中华教育理论与实践科研论文成果选编（第五卷）［C］，2013：161–162.

［2］吕其果．学案导学　自主探究——探索高中政治有效课堂教学模式［J］．中学教学参考，2019（4）：62.

［3］夏学涛．新课标背景下高中政治教学存在的问题及对策分析［J］．课程教育研究·中，2019（35）：94.

［4］杨伟明．新高考制度下的高中思想政治教学策略研究［J］．文化创新比较研究，2019，2（7）：122–123.

浅述基于新课程理念的思想政治课堂师生关系

重庆市云阳高级中学校　熊建新

摘要：师生关系是教育的一个基本问题。人们对师生关系的认识不同，以此为基础建立的教育理论体系也有很大差异。新课程理念的建立，必然要求建立与之匹配的师生关系。本文试图以新课程理念为基础，对如何构建思想政治课堂师生关系问题做初步探讨。

关键词： 新课程理念；高中思想政治课堂；师生关系

传统高中思想政治教学存在着诸多的弊端，特别是课堂教学中学生兴趣不高，主动参与意识不强，这与新课程的要求相去甚远。那么，我们如何才能在新课程理念的指导下解决去除高中思想政治课堂教学的弊端呢？笔者认为教师应在教学中要处理好学生主体与教师主导之间的关系，开展创造性教学。

一、构建起和谐的师生关系，是发挥教学双重作用、促进教学成功的前提

现代教学论指出，教学过程是师生交往、积极互动、共同发展的过程。师生交往是否有利于学生发展是教学过程能否按照新课程标准来运行的前提和保证。交往的本质属性是主体性，交往论承认教师与学生都是教学过程的主体，都是具有独立人格价值的人，两者在人格上完全平等，即师生之间只有价值的平等，而没有高低、强弱之分。师生关系是一种平等、理解、双向的人与人的关系，这种关系得以建立和表征的最基本形式和途径便是交往，离开了交往，师生关系就只是外在的，而不能成为教育力量的真正源泉，甚至反倒成了教育的阻力。传统的师生关系否认了学生的主体性，忽视了学生的主观能动性，强调外部环境和力量对学生的作用与影响，把学生当成接受知识的被动载体。这样的师生关系不利于发展学生的创造性和个性，更不利于学生良好人格的养成，阻碍了教育教学的发展。所以说，通过交往，重建人道的、和谐的、民主的、平等的师生关系是教育工作者必须身体力行的一项重要任务。在这样的师生关系中，学生体验到平等、自由、民主、尊重、信任、友善、理解、宽容、亲情与关爱，同时受到激励、鞭策、鼓舞、感化、召唤、指导和建议，形成积极的、丰富的人生态度与情感体验。思想政治课程教学必须根据学生身心发展和学习的特点，关注学生的个体差异和不

同的学习需求，爱护学生的好奇心、求知欲，充分激发学生的主动意识和进取精神，倡导自主、合作、探究的学习方式。教学内容的确定，教学方法的选择，评价方式的设计，都应有助于这种学习方式的形成。

1. 学会自信。

教师应用积极的、乐观的眼光和态度来估计学生的天性，多关注学生身上所具有的那种自我提高和完善的内在需要和倾向，坚信每个学生都是可以积极成长的，是可以造就的，是追求进步和完善的，因而对教育好每个学生应充满信心。我们在教学实践中经常看到“好心做坏事”的例子。例如，在教室门锁了的情况下，一个学生为了帮助同学拿丢在教室里的文具翻窗而入。我们的教师在遇到这样的问题时该如何处理呢？我相信大部分教师首先会肯定孩子助人为乐的精神，然后把翻窗的危险性告诉他，再告诉他今后遇到这样的事该如何处理，我也相信这个学生在今后的生活中会更愿意乐于助人，而且处理起事情来也会成熟很多。我们再试想一下，如果教师采取相反的态度，忽视学生助人为乐这一美好动机，而一味指责他违反校规爬窗户这一行为，那将会带来什么样的后果？

2. 学会相信。

这是我常对学生说的一句话，相信也是每一个教师对学生的期望，这说明每个教师都相信学生的确潜藏着巨大的发展能量，坚信每个学生都是可以获得成功的。在教育实践中，有不少探索，正是基于每个学生都有获得学习成功的潜能的信念，取得了全面提高学生学业成就的良好效果。有一个耳熟能详的例子：一名教育家去一个班做实验，随意从班级中抽出一部分学生进行谈话，告诉这些学生他们是教育家从同学中选出来的最聪明的孩子。一段时间后，这位教育家再来校发现这些学生都有不同程度的进步。正是教育家点亮了这些学生心中获得学习成功的信念之灯，使他们发挥出了潜能。

3. 学会宽容。

学生作为发展的人，也就意味着他们还是一个不成熟的人，是一个正在成长的人。在实践中，人们往往忽视学生正在成长的特点，而要求学生十全十美，对学生求全责备，这是和发展观点相对立的。其实，作为发展的人，学生的不完善是正常的，而十全十美则是不符合实际的。把学生作为一个发展的人来对待，就要理解学生身上存在的不足，就要允许学生犯错误；更重要的是要帮助学生解决问题，改正错误，从而不断促进学生进步和发展。学生能够经常说："我想……我要……我能……我来做……我还有……我认为……"这是学生自主性学习的一个标志，要让学生达到这样的状态，教师就不能轻易否定学生的思维成果，不要把自己的意见强加给学生。在教师眼里，学生设计出的办法、方案只要不存在原则性的错误，都应予以肯定，即使是一些看似错误的回答也可能蕴含着创新的火花。这样，每个学生都能自始至终情绪高昂地参与整个教学过程，感受到学习的快乐。试想，如果学生绞尽脑汁思考出的一个答案，虽然言之有理但就是因为不符合老师的标准答案而被"一棍子打死"，学生怎么再能畅所欲言、积极思维呢？当然，对于学生出现的原则性的错误我们不能视而不见，我们应在肯定其合理性的基础上帮助其分析错因，使其在心服口服的前提下走向成功。教师要适时地对学生在探索中所出现的"闪光点"进行鼓励，要对正确的探索结论进行鼓励，对于错误的的观点，教师也要婉转地向该生提出他的观点中所存在的漏洞和其他错因，这些错误也可以通过学生的合作交流，由参与交流的其他学生提出，从而引起该生的深入思考。还要注意，在学习过程中，对于学生提出的不同结论，如果讲得有道理，教师就应该给予肯定，即便是与教材中的叙述有所出入，教师也不应该硬将教材中的结论强加给学生，因为任何知识的学习都要经历由不完整到完整的过程。让学生真实地坦陈自己的想法，尊重孩子的思维成果，不轻易否定孩子在认真思维基础上的答案，这样，学生才会"放下包袱、开动机器"，这样，才会"百花齐放、百家争鸣"。

二、合理组织，及时引导，正确发挥教师主导作用是课堂教学成功的保障

伴随着学生兴趣的提高和主体意识的增强，课堂教学中也会出现一些新

的问题，如课堂气氛过于活跃怎么办？学生的思维方法或思想方向出现偏差怎么办？这些问题不解决，高中思想政治课教学目标就很难实现。要解决这些新出现的问题，就需要我们运用自己的智慧，正确发挥思想政治教师在课堂教学中的主导作用。

1．营造氛围要适度。

高中思想政治新课程标准主张教师是学生学习的组织者、参与者。营造民主平等的课堂教学氛围有利于学生迅速进入课堂教学的主体角色，但如果营造氛围只是一味地迎合学生的兴趣，课堂教学就会形成放任自流、一盘散沙，甚至失控的局面。因此，我们在营造氛围时要牢记自己“组织者”的身份，我们要根据课堂教学的内容确定合适的教法，结合学生特点对课堂教学做精心的安排和合理的组织，在具体实施过程中，我们要注意保留自己在学生心目中的“权威”形象，及时发现“散漫”的苗头并加以制止。例如，在“蛋市”情境教学中，当“老板”发现鸡蛋价格下跌时，突然大喊一声“杀”，并且做了一个夸张的下砍动作，结果同学们哄堂大笑，随即就有不少男生学做下砍动作，并准备喊“杀”，见此情形我赶紧叫停，用眼神制止了这些同学，同时引导大家回到主题。我想，阻止他们肯定会扫了他们的兴，但如果不阻止，这次情境教学就可能失败，并且会对今后的教学产生不利的影响。因此，氛围的营造要坚持适度原则，我们应该参与到学生的学习中去，却不能把自己等同于学生，这样才能在课堂教学中取得良好的效果。

2．因势利导要及时。

高中思想政治新课程标准主张教师应该是学生学习的帮助者和引导者。我们在引导学生进行探究学习时要帮助他们明确目标，指导他们学习的方法，要对他们的思想状况和思维状态做出迅速、准确的判断，当发现他们的思维方法或思想方向出现偏差时，要及时进行引导，否则课堂教学效益就会降低，教学目标就很难实现。例如，在“坚持正确的价值取向”讨论教学中，前15分钟小组讨论时，我就到各个小组了解了他们的观点，并简要地做了指导。当全班讨论开始后，大家对“利他而无回报的活动是无意义的”这个观点的讨论渐趋激烈，有同学尝试着从理论上驳斥它，但持赞同意见的同学不断用事实讲话：“中午放学我把一辆倒在地上的自行车扶起来时，车主却责怪我推翻了他的车，你说我这不是活该吗？早知如此我就不管闲事了。”结果，反对者的声音越来越小，大家开始不断诉说他们在生活中所听到、遇到的“利他而无回报的活动”，讨论学习逐渐变成“诉苦大会”。我一直在旁边听他们讨论，一来是被讨论的内容所吸引，二来也想借此机会听听他们的心声，但是当听到一个同学说“学雷锋也要与时俱进”时，我意识到这次讨论教学失败了，因为这句原本正确的话竟然通过讨论被理解成“雷锋过时了”。我赶紧以讨论者的身份发言，试图扭转大家的思想，但是没等我说几句，下课铃响了。尽管我后来又精心准备了一堂课，继续讨论这一问题，并取得了良好的效果，但这一次不成功的讨论课的教训却是深刻的：个人情感体验或观点在集体讨论交流中会产生集体认同的放大效应，如果错误的情感或观点被放大而我们却没有及时因势利导的话，课堂教学效果就会大打折扣，甚至会背离我们的教育教学目标。

先进的理念只有在实践中才能得到落实和发展。我们高中思想政治教师要更新观念，转变思想，勇于做政治教学改革的实践者——以新课程理念为指导，在实践中总结经验教训，学会解决课堂教学中遇到的各种问题，不断提高高中思想政治课堂教学的效果，促进教与学的和谐发展。

参考文献

［1］刘敏，龙卿志．关于中小学师生关系研究的概述［J］．科教文汇（下旬刊），2019（1）：50.

［2］刘强．思想政治学科教学新论［M］．北京：高等教育出版社，2013.

［3］李寒梅．论中学政治教师的角色定位与职业素养［J］．思想政治教育，2013（05）：4-7.

试论课堂的教育美

重庆市云阳高级中学校　赵丹丹

摘要：课堂的教育美既是教师的创造性教育活动在课堂上的外在表现，也是教育者的聪明才智以及理想、信念、情感和意志在课堂上的综合呈现。构建形态多样的教育美，对于学生发展、教育活动、社会进步具有极其重要的作用。

关键词：课堂；教育美

古希腊哲学家柏拉图有过一段关于教育的妙论：通常而言，人类会养育两类子女，一类是“身生子女”，一类是“魂生子女”。身生子女是我们与爱结合的产物，魂生子女是我们与美结合的产物，魂生子女身上一般都有着鲜明的印记，那就是“睿哲”与“美德”。教师的魂生子女显然就是学生！课堂就是我们造就美的重要场所。课堂的教育美有助于培养魂生子女，课堂的教育美是实现“睿哲”与“美德”的重要途径。

一、课堂教育美的本质

课堂教育美是人的本质力量在课堂教育这一特定领域的生动显现，凡是在创造性的课堂教育活动中显示出来的聪明才智以及理想、信念、情感和意志等，都是课堂教育美的具体表现。课堂教育美和其他美一样都是可以感知的，是具体的、形象的，课堂教育美离不开感性形式，否则课堂教育美将无所依附。尽管如此，课堂教育美要发挥真正的实效，却要做到从“有”到“无”，自“有形”至“无形”，因为“当学生意识到教育者的教育意图时，教育将失去作用”。所以，如果教育者在课堂教育实践活动过程中，将自己所掌握的教育规律和实现教育目的的本质力量，通过具体可感的形象

（课堂教育）显示出来，春风化雨、润物无声，潜移默化地激发学生思想上的愉悦，引起情感的共鸣，并为学生所观照，由此完成教育的使命。那么，这个过程就具有课堂的审美价值。

二、课堂教育美的特性

一般说来，课堂教育美的特性主要体现为形象性、新颖性（创造性）、多样性、和谐性、愉悦性和教育性。

1．课堂教育美的形象性。

从心理学的角度来看，形象就是人们通过视觉、听觉、触觉、味觉等各种感觉器官在大脑中形成的关于某种事物的整体印象，简言之是知觉，即各种感觉的再现。有一点认识非常重要：形象不是事物本身，而是人们对事物的感知，不同的人对同一事物的感知不会完全相同，因而其正确性受到人的意识和认知过程的影响。由于意识具有主观能动性，因此事物在人们头脑中形成的不同形象会对人的行为产生不同的影响。课堂教育美是具体的、形象的，是凭借学生的感官可以直接感受得到的一种特殊形象的整体美。

2．课堂教育美的新颖性（创造性）。

新颖，即新鲜、别致，有创新意识和创造性。课堂教育美总是伴随新颖的、创造的教育实践，这是一个自我否定、自我发展的辩证过程。陈腐的，模式化的，因循守旧和盲目照搬从来就与教育美无缘。课堂教育美的本质寓于丰富多彩的课堂教育形象之中，凡是具有审美意义并能推动个体发展和社会进步的新颖的教育形象就属于课堂教育美。课堂的新颖性和创造性需要课堂主体积极推进、协同实现、互相激发，单独依赖某一方面势必受阻，难以实现。课堂的新颖性和创造性实则是课堂教育美的生命力所在。

3．课堂教育美的多样性。

课堂教育美的多样性表现为形式的活、内容的妙、方法的巧、人物的生动、情景的适宜，乃至情感的饱满。课堂教育美因多样多姿而灵动丰富，因灵动丰富而异彩纷呈，因异彩纷呈而动人心魄，因动人心魄从而实现审美情趣的培养和教化育人的目的。课堂教育美的呈现就要像凡·高笔下的向日葵，闪烁着熊熊的火焰，色调明艳多彩，层次交叠融洽。在这样的课堂中，主体满怀炽热的激情，思维旋转不停、充满运动感，进取的愿望纯粹强烈。在这种粗厚和纯粹的进取心、向上心中又充满了智慧和灵气。大美的课堂教育就应该像名家大作，令受教育者的心灵无不为之震颤，激情喷薄而出，共同融入浩瀚知识海洋、深邃思想世界中去。

4. 课堂教育美的和谐性。

和谐性是课堂教育美的内在要求。课堂教育美是一个复杂的统一体，包含着各种各样的因素，这些因素只有按照一定秩序协调一致，就像一支交响乐团，只有形成整体的和谐感时，才具有审美价值。课堂教育有时不可避免地出现一些看似影响美感的不和谐因素，而这恰恰是课堂教育美的点睛之笔。没流过痛苦的泪水何以体会笑容的欢欣，正是不和谐方以衬托出和谐。课堂教育美需要在对立统一中去把握和谐性。

5. 课堂教育美的愉悦性。

凡是美的事物都具有一种能引起人们产生爱慕、喜悦之情的属性，教育美也具有这种令人愉悦的特性，它能引起学生的审美情感，使学生获得美的享受。在教育美的领域，美的矫治是以教育矫治为前提和基础的，教育中的审美并非单纯的娱乐，而是人类认识真理、培养品德和增强体质的特殊方式。课堂教育美的愉悦性是通过这种特殊方式以实现单纯娱乐性的升华的，是对真正大美境界的憧憬和追求。

6. 课堂教育美的教育性。

德国著名教育学家斯普朗格曾说过，教育的最终目的不是传授已有的东西，而是要把人的创造力量诱导出来，将生命感、价值感唤醒。马克思也说过：教育绝非单纯的文化传递，教育之为教育，正是在于它是一种人格心灵的唤醒。因此教育的核心所在就是唤醒。唤醒不是逼迫、强制、被动，而是积极的、主动的、自觉的、自律自制的。课堂教育美的教育性亦旨在通过对美的欣赏、体验、感悟去唤醒学生本体生命的热情、灵性和欲求。因而，无论是课堂教育美的形象性、新颖性，还是其多样性、和谐性、愉悦性，最终都要服务于课堂教育美的教育性，教育性是课堂教育美追求的终极目标。

三、课堂教育美的形态及构建

课堂教育美的形态即教育美的表现形式。课堂教育美的构建仍然要借由其表现形式、承担载体来实现。以下，笔者就教育美的表现形态及其构建浅谈一下个人的观点。

1. 课堂教育主体美。

（1）教师美。

课堂教育主体美主要体现在教师美和学生美这两者之间。教师非常重要的一项使命就是传播美，在热爱美、追求美的同时不亵渎美、误解美，这就要求教师要深刻领悟美的真谛，通过美的外貌、美的气质、美的涵养、美的德行展现出外表、气质、人格的完整的美好形象。

教师美大致可分为两类：外在美和内在美。外在美，首指颜值、身材等能够外显的美。若天然已经具备高颜值、好身材，这便是得天独厚的资源优势；相反，如若是貌丑无盐，那也无妨，外在的不足可以利用修饰扬长避短。外在美，其次是指气质美。气质，即指人的生理、心理等素质，是相当稳定的个性特点，也指人的风度。气质美是由内而外散发出的人格魅力，气质美既是外在美，也是内在美，之所以把气质美归属为外在美一类，是就其外化的载体而言的，气质美透过教师的个性特征、言行举止、生活态度等表现出来。气质无不外化在一个人的举手投足、顾盼流转间，教态美就是气质外化的表现，包括仪容、风度、目光、神情等。气质美是外在美中至关重要的一环。古有“腹有诗书气自华”的说法，教师的真正魅力来源于其特有的气质，气质美反映在内心世界上表现为具有丰富充盈的精神世界。宋明理学张载认为，因为人类的天生禀赋（气）不同，使得人类在出生时有不同的个性，但是这些不同的个性都可能因为后天的修养与阅读而有所改变（变化气质）。因而，气质美有先天的，也可以通过培育高雅的兴趣等后天的努力修炼而获得。

内在美又叫心灵美，是人的思想、品德、情操、性格等内在素质的具体体现，指人的内心世界的美，包括人生观和人生理想、思想觉悟、道德情操、行为毅力、生活情绪、文化修养等。正确的人生观和人生理想，高尚的品德和情操，丰富的学识和修养，构成一个人的内在美。内在美反映人的本质，也体现社会美的本质。教师的内在美主要体现在品德、学识、修养、性格等方面。“学博为师，德高为范”，博学多识、德行高尚是教师的职业要求。“一支粉笔，两袖清风，三尺讲台，四季晴雨”，教育的全部秘诀就在于爱。教师应该具备真诚付出、富于奉献、心地善良、胸襟开阔、淡泊名利、内心安然等必要品质。

对于教师而言，外在美、内在美孰轻孰重？若没有涵养养分的支撑喂养，再艳丽、挺括的外表也是肤浅、艳俗的。因此，当以同等视之，教师应修饰外在美，修为内在美，内外兼修，力求把自己最美最好的一面展现给教育对象。“亲其师，方信其道”，无论是外在修饰之道，还是经纶修为之道亦是如此。

（2）学生美。

从静态的角度讲，学生美是与其自身年龄、身份相符的风貌，是态度，是谦恭有礼、勤奋学习，是落落大方、恰如其分，是合时宜的，而非浮夸、怪异、另类。“和声细语显淑女气质，谦恭有礼展君子风度”，“腹有诗书，心存丘壑”，而非“金玉其表，败絮其中”。

从动态的角度讲，学生美体现在课堂教育、学生学习的过程中。苏霍姆林斯基说，不能使学生积极参与是教师最大的过失。学生自身就应该成为教育美的觉悟者、推动者、践行者，学生要去发现、体验、享受甚至创造教育美。

学生能够发现美。学生从不缺乏善于发现美的眼睛和洞察一切美的心灵。有人说过，其实每一个孩子都可以是哲学家、科学家。他们专注又敏锐，所以哪怕是细枝末节的变化和细微的美妙动人处也总能被他们捕捉到，并能用自己的方式加以解读。

学生能够鉴赏美。鉴赏美是现代教育中十分重要的课题。德国美学家弗里德里希·席勒在他的著作中指出“若把感性的人变成理性的人，唯一的途径是先使他成为会审美的人”。高尔基也说过，未来的教育就是美的教育。鉴赏，可指鉴别和欣赏，意即通过感官反映客观存在的美，对事物是否美要加以识别和评价，更要解读美的事物，辨别事物是属于何种美以及到底有多美。学龄阶段孩子的感官达到最佳的状态，并且很少受到以往经验的桎梏，他们能够以自己独特的视角对美进行理解。

学生能够体验美。现代社会是一个信息技术高度发达的社会，我国已经进入“互联网+”的时代，课堂教育能利用电教化教育手段创设逼真的教学情景，学生能够直观地感受美、体验美、享受美，融入生动形象、富有感染的情景中去，自由徜徉其中，怡然自乐。

学生能够创造美。学生的年纪尚小，生活阅历较少，还未形成思维定式，因而其可塑性、创造性较强。他们仅仅凭借认知世界的好奇心和想象力就能创造出美的蓝图，有时简直令人惊异但又不得不诚服。

构建课堂教育主体美，既要立足于教师美，也离不开学生美。教师美和学生美相辅相成，互相促进，相互精进。

2. 课堂教育环境美。

环境是指围绕着某一事物（通常称其为主体）并对该事物会产生某些影响的所有外界事物（通常称其为客体），即环境是指相对并相关于某项中心事物的周围事物。课堂教育环境也不外乎如此，主要指在教学教育范围内围绕学生并对学生形成影响的所有外界事物，既包括以空气、课桌椅、装饰等为内容的物质因素，也包括以集体观念、班级制度、行为准则、班级文化等为内容的非物质因素。课堂教育环境是人文环境，由班级全体师生共同创造物质的、非物质的成果构成。课堂教育环境美也就具体表现在这些物质的、非物质的成果上。这些成果具有文化烙印，渗透班集体的人文精神。人文环境反映了班风班貌，对学生的素质提高起着培育熏陶的作用。那么，构建美的课堂教育环境就尤为重要。

如何构建课堂教育环境美，这是一件极其花心思和用智慧的事情。学生破坏课桌椅的现象屡见不鲜，三令五申仍屡教不改。一个智慧的教师到裁缝店用边边角角的碎花布给每位学生缝了一件课桌椅套，任由学生挑选自己喜欢的花色，并且要求学生给自己的课桌椅“穿上新衣服”。此教师的举措给学生们营造了像家一样温馨的课堂教育环境。学生看到干净、漂亮的课桌椅套，还是自己喜爱的样式，就难以对“家”一般的教室产生破坏，而会生出爱护之感。

3．课堂教育内容美。

我们的课堂教育中蕴含着很多美。在众多科目教学中，学科本身就是一抹靓丽的风景。蔡元培先生说过，凡是学校所有的课程没有与美育无关的。可见学科美是广泛存在的。课堂教育内容美主要表现在不同学科、不同知识各有奇葩仙姿，颇具争奇斗艳、竞相绽放之美。

朱自清的《荷塘月色》是一篇很美的文章，写的景致也是美到极致。曾有一女性语文教师特意身穿一袭缀以清荷图案的月白色旗袍，并辅以高山流水的古典乐曲和学生们一起轻声朗诵文章。文章的内容不再单纯是文字，而是一幅画，而且是一幅活的画，活灵活现，生机勃勃，文中所蕴含的语言美、意境美、韵律美淋漓尽致地呈现于学生的眼前。

不同学科呈现出不同的课堂教育内容美。数理富有逻辑严密、思维深邃之美，英语具有求真、激情之美，地理有地形美、和谐美，思想品德课满含理想美、道德美、人性美等。美无处不在。

此外，课堂教育美还表现在其节奏美、机制美等多个方面，由于篇幅所限，此处不再赘述。

四、课堂教育美的功能

审美并非不涉功利，课堂教育美无疑有其自身的功能。教育是培养人的社会活动，教育美的功能主要表现为它对个体、教育和社会的积极作用，课堂教育美的根本出发点和归宿点都是为了人，为更好地促进学生个体的发展。

课堂教育美对个体发展的功能从总体上看主要体现在育德、促智和审美等方面。课堂教育美一定程度上能促进个体的全面发展、终身发展，具有深远持久的影响力。

课堂教育美对教育活动的功能主要表现为增强教育的审美情趣和内在吸引力，激发学生的学习热情，使学生从中体验到学习的快乐和满足，从而提升学生的学习效果。

课堂教育美对社会的进步也具有巨大的推动作用，马克思曾指出，社会的进步就是人们对美的追求的结晶。课堂教育美必将促进这个社会的向前发展，并将为人类社会趋向完美的理想境界做出积极的贡献。

（此文获第十三届云阳市基础教育课程改革征文大赛一等奖）

基于新高考背景下解答政治主观试题的策略探究

重庆市云阳高级中学校　赵丹丹

摘要： 如何在高考场上获取思想政治学科高分？秘密在于实现选择题和主观试题的齐头并进，两者均不容有失。本文结合相关主观试题思考应对主观试题的先后步骤：细读题设，弄清题意；问题导向，研读材料；生成答案，准清快简；自查答案，解后修补。本文系作者日常工作、学习经验总结所得，旨在进一步指导教学工作。

关键词： 高考；政治主观试题；策略

关于思想政治学科在高考场上取胜的法宝，历来有一种说法——“得选择题得天下”。我想这一说法是基于思想政治学科选择题分值（48分）在总分（100分）中几乎占据了半壁江山，并且每道题的分值为4分，这使得每道选择题都不容有失，一旦有失总分就会大大降低。此外，学生也喜欢做选择题，在阅读完题干和题设后基本5秒以内就可以做出选择。然而尽管选择题对于分数的获取十分重要，并且很讨学生的欢心，但是我们也不能丝毫放松对主观试题的关注。考场上获得高分的“秘密”一定是选择题和主观试题的齐头并进，因而绝不能厚此薄彼。窃以为主观试题更能体现学科素养，更能引发思考和提升能力，也更具有独特的魅力和价值。以下结合相关主观试题，本人对政治主观试题步骤做一些朴素的思考，做一提醒——做题的全过程应拿起笔勾画圈点，做好记录，捕捉思维的灵感。

一、细读题设，弄清题意

这是一个审题、破题的过程。答好一道主观试题的总体原则是：问什么答什么。审题、破题的过程重在弄清楚“问什么”。此原则说来简单，实则不易。审题、破题的过程中我们需要弄清楚几个问题。

（一）题设对应材料

“秒清”题设对应的材料是一个材料还是几个材料，做到有的放矢。

（二）所涉知识范围

读题后，我们首先要迅速准确判定试题是属于思想政治学科的哪一版块，不能将经济、政治、文化、哲学混淆。

所涉知识范围分为宏观、中观、微观，如以经济生活、政治生活等版块知识分析、解决相关问题为宏观，以经济生活、政治生活等所辖单元、课文标题为知识范围为中观，以某个具体的知识点为知识范围为微观。近年来的全国文科综合政治卷中，以宏观知识范围命题者极少，以中观和微观知识范围命题者居多，有的试题看似以宏观知识范围命题，实则属于以中观或者微观知识范围命题，以微观知识范围命题在哲学命题中最为常见。

有的试题是需要通过细读题设、运用“化繁为简”（剔除个性化信息留下共性知识）的方法，才能初步判断其所考具体知识点和所涉知识范围，如2017年高考文科综合政治新课标Ⅱ第38题第（1）小问剔除“国内玉米”“对玉米市场”“可能”等个性化信息后可大致判断该题的考点为“价格变动的影响”。

要做好主观试题，我们胸中要有知识范围，但并非死磕，也不宜在考场上花费大量时间纠结于知识范围。

知识点（考点）、框架体系以及时政知识的积累和储备应该是日常要勤练、苦练的基本功，如果临到考场还在苦苦回忆知识，就有可能完全忽视题设的问题，其实答好主观试题题设中的问题才是核心。练好基本功是一个“死去”的过程，“死去”是为了“活来”，意即灵活运用。

（三）主体或者客体

有的题设中有很明显的主、客体，如2017年高考文科综合政治新课标Ⅱ第38题第（2）小问“玉米价格的下降，影响了一些玉米种植户的收入。政府和种植户可采取哪些应对措施”就涉及政府和种植户两个主体，主体较为明显。有的题设中的主、客体较为隐性，如该题第（1）小问中的“对玉米市场”，学生能很快联想到对国内玉米市场的影响，但很容易遗漏掉对国际玉米市场的影响。对于隐性的主体或客体，这就要求学生要有较强的洞察力和敏锐感。

经济生活、政治生活版块的主观试题以主、客体角度命题相对较多。

（四）问题指向

问题指向无非三种：是什么、为什么、怎么办。

迅速判断题型。题型有单一型，还有综合型。单一型是指只回答问题指向的其中之一，要么是是什么，如体现、包含了哪些经济、政治、哲学道理之类；要么是为什么，如原因、依据、必要性之类；要么是怎么办，如措施、建议、应对之类。综合型是问题指向的三种兼有之，如认识、评析之类。

此外要注意题设是否为问中问，有的试题虽同一题号，实则为两小问，如2017年高考文科综合政治新课标Ⅱ第39题“概括材料所体现的政府、人大和人民三者之间的关系，并分析当前政府履行公共文化服务职能特点”。

（五）中心话题

中心话题，就是我们要分析和解决的具体情境。2017年高考文综政治新课标Ⅱ第38题围绕的中心话题是“玉米收储制度的改革”。每一道主观试题都有自己的中心话题。

“问什么，答什么”这一原则的重要性在于为后续的答题确定基本方向，此方向就像灯塔之于航行在大海中的船，一旦答题的基本方向跑偏，那么我们“答什么”的航船永远也不可能驶向安全的港湾，因此而引发的损失可能是极其惨重的，因而切忌方向的偏离。

二、问题导向，研读材料

细读题设，弄清题意之后，也就明确了要回答的问题，现在要以问题为导向，牢牢树立问题意识研读材料。

（一）甄别材料的性质

快速浏览材料，以甄别材料的真假、强弱。真材料就是存在着大量能服务于题设中问题的信息；假材料就是仅仅引出题设中的问题，而没有服务于题设中问题的信息。针对提供假材料的主观试题，我们的思维焦点应该主要集中于题设本身所涉及的知识范围、主客体、问题指向、中心话题等相关信息上，这在第一个步骤中已详尽阐述。真材料中又分为强材料和弱材料。强材料中几乎包含了生成正确答案的全部信息，而弱材料可能只是蕴含了部分有效信息，针对提供弱材料的试题，要想生成全面准确的答案，可能还须结合知识范围和相关的时政知识进行思考。

（二）厘清材料的层次

厘清材料的层次、结构和逻辑对答好主观试题举足轻重，如2016年高考文综政治新课标Ⅱ第39题第（1）小问“十八洞村扶贫实践是贯彻精准扶贫思想的成功案例，运用矛盾的普遍性和特殊性辩证关系原理加以说明”。参考答案中的材料阐述部分就是对材料层次、结构、逻辑的精准把握。

材料的层次往往是以标点符号来划分的，可能是逗号，也可能是分号或者句号，并不见得一个标点符号就是一层意思，有可能一句话蕴含多层意思，也可能几句话强调一层意思。不同材料的逻辑结构是不同的，有总分结构，有分总结构，也有总分总结构，有的结构也不在此列。厘清材料的层次最重要的是要让我们明白材料的主旨大意、中心意思。

（三）提炼有效的信息

何为有效信息？即能回答题设中所提问题的对应和相关信息。提炼有效信息，宜从关键的字、词、句入手，抓住材料的主旨大意，勿死扣细枝末节，或者断章取义。同时，也要学会“看菜吃饭”，根据分数推测涉及几个答案要点。如果自觉在主旨大意上并未获得全面的答案，亦可关注细枝末节，以防失分。因为有效信息有很容易获取的显性信息，也有不易察觉的隐性信息。

（四）灵活恰当的勾连

从材料中提炼出有效信息，只是用材料语言回答了问题，生成主观试题的答案还必须做到有理有据。有理，即有大众基本接受的道理；有据，即有所学的理论依据。知识储备（知识库）也是共性知识。答好主观试题也不是对共性知识的生搬硬套，或者学生单纯成了共性知识的搬运工。答好主观试题要将此前提炼的有效信息与知识储备库中的知识灵活恰当地勾连，真正地融会贯通。

若材料中的某些有效信息并不能与共性知识相勾连，则须自己进行或归纳、总结，或演绎、推演，以生成答案要点。

三、生成答案，准清快简

（一）准

准确、精准。要做到这一点，须建立在前面几个个步骤之上。考查学生审题、破题能力，知识储备，知识体系，提炼、挖掘材料的能力，归纳总结的能力，演绎的能力，等等。

（二）清

清晰，清洁。一是做到条理分明，答案要点化。如“影响：①②③④。措施：①②③④”。二是逻辑清晰严密，富有层次和逻辑之美。每个答案要点内部要层层推进，如：“收入分配公平是如何拉动经济增长的？实现收入分配公平能缩小收入差距，利于提升消费水平，消费对生产具有反作用，因而拉动经济增长。”答案要点之间要讲先后顺序，可依据材料的逻辑顺序，也可依据教材的逻辑顺序，一定先答最核心、最关键、最突出的要点，可有可无的要点可置于后部。三是卷面清洁干净。考场书写不是书法比赛，字迹不一定要多美，但一定要干净整洁，通过书面语言给阅卷老师留下好印象，这是对于书写质的要求。

（三）快

思维敏捷。从熟悉感、熟练度、知识储备、题型、时政热点等方面去培养。书写快速，这是对书写量的要求。答主观试题要遵循“慢审快答”的原则。

（四）简

精练简洁。答主观试题有三种语言可用：教材语言、材料语言、时政语言。做到用语专业，勿用口水话，要言不烦。

四、自查答案，解后修补

（一）预留答题空间

在答题卡上书写答案时尽量预留三分之一的解题空间，以免有补充的时候已无空间可写。

（二）提倡适当多答

首先提倡适当多答，多答不扣分，少答一定不得分，当然可有可无的答案要点尽量置于后部。

再次通过分值推断答案要点的数量，通过知识范围搜索可能遗漏的答案要点，从中心话题中思考可能涉及的与时政相关的答案要点，再次整体全面地思考、检查：答题方向是否正确，答案要点是否遗漏，核心观点的表达是否准确，有无错别字、错误观点等。

本文系日常工作和学习的经验总结，旨在进一步指导教学工作，解决教学过程中的难点、痛点，或有不足之处八九，但也希冀能助人之一二。

（此文获云阳县教育学会2018年优秀教育教学论文评选特等奖）

后记

从“双基”到三维目标，从三维目标到核心素养，这一课程目标的嬗变，折射出时代需求驱动下人才观的变化。它引发了教育界不断地思考、研究。自新课标、《中国高考评价体系》颁布以来，各地教育教学探索更是如火如荼，成果丰硕。

重庆作为全国第三批推行新课程标准的地区，整体上对“双新”背景下课堂探索相对滞后。然而，“凡事预则立，不预则废”。我校作为百年老校，素有紧跟时代脉搏、潜心研究的传统。早在教育部2014年的《关于全面深化课程改革落实立德树人根本任务的意见》提出“核心素养体系”概念之时，我校就敏锐地捕捉到教育目标的变化，并展开了系列研究。学校领导认为，新课程目标的达成，固然离不开教师教育教学观念的更新，但更离不开课堂教育教学的变革及其示范、引领，于是委托政治学科中心组，着力于对既有课堂模式的解构与重构，最终形成了彰显新课程理念的《高中思想政治课五种基本课型范式》一书。

此书稿早已结集，并作为我校高中思想政治学科教师的必读本，以求深化对新课程观念的认识，打造高中思想政治新课堂。几年来，我校高中思想政治学科教学成绩喜人。这一成果借助云阳县道德感悟教育工作室通过县教育科学研究所、县级名师工作室在全县推广，反响强烈，在一定程度上助推了全县教育教学质量的快速提升。2021年初，编委会再次修订，今正式出版，或许能给教育界同行一些有益的启示。

当然，此书尚为过程性成果，我们将继续探索，因为“不满是向上的车轮”。

卢军　余小游

2021年12月21日